「努力」は、キミの翼だ。

SUGAMO

巣鴨高等学校

〒170-0012 東京都豊島区上池袋1-21-1 TEL. 03-3918-5311 https://sugamo.ed.jp/

巣鴨学園チャンネルより学校生活をご覧いただけます。説明会、行事日程などはホームページで配信しています。

2月12日(日)入試 3科／5科 から選択

巣鴨学園チャンネル公開中!!

外国語教育の
KANTO

「世界につながる教育」を目指して、関東国際高等学校では、
英語に加え、中国語・ロシア語・韓国語・タイ語・
インドネシア語・ベトナム語の７言語を学ぶことができます。
英検をはじめとした各種検定取得に力を入れ、
それぞれの目指す道を全力で応援します。

中学生対象 イベント開催のご案内

学校説明会
7/23㊏、7/30㊏、8/6㊏、
8/27㊏、10/29㊏

世界教室2022（オープンキャンパス）
10/1㊏、10/2㊐

体験授業
10/15㊏、11/19㊏

入試説明会
11/26㊏、12/3㊏、
12/10㊏

※イベントは全て予約制です。日程は変更になる場合がありますので、必ず最新情報を本校ホームページでご確認ください。

・文理コース
・日本文化コース

外国語科
・英語コース
・中国語コース　・タイ語コース
・ロシア語コース　・インドネシア語コース
・韓国語コース　・ベトナム語コース

関東国際高等学校

〒151-0071 東京都渋谷区本町3-2-2
TEL. 03-3376-2244　FAX. 03-3376-5386
https://www.kantokokusai.ac.jp

CONTENTS

Success15 8

http://success.waseda-ac.net/

サクセス15
August 2022

Special School Selection

東京都　文京区　女子校

お茶の水女子大学附属高等学校

新たな未来をしなやかに創造する女性を育成する

お茶の水女子大学附属高等学校は、今年140年目を迎える伝統の上に築かれた知的資源を継承し、現代を見つめながら、これからの社会で力を発揮する女性を育てています。SSHでの融合型授業の実践など、魅力的な学習活動が展開されています。

生徒が果敢に挑戦できるプログラムが用意されている

お茶の水女子大学附属高等学校（以下、お茶の水女子大附属）は、1882年に設置された東京女子師範学校附属高等女学校が前身です。東京女子師範学校は現在のお茶の水女子大学（以下、お茶の水女子大）です。

1952年にお茶の水女子大学文教育学部附属高等学校と改称され、1980年に現在の校名となりました。国立高校で唯一の女子校です。

基本方針は「お茶の水女子大に附属した高等学校であることの特色を生かし、社会に有為な教養高い女子の育成に努める」です。

教育目標には「基礎・基本を重視し、広い視野と確かな見方・考え方を持つ生徒を育てる」「自主・自律の精神を備え、他者と協働していくことのできる生徒を育てる」「社会に有為な教養高い女性を目指し、真摯に努力する生徒を育てる」が掲げられています。

溝口恵副校長先生は「本校では生徒が果敢にチャレンジできるプログラムを用意しています。いままでの自分にはない新しい自分を発見し、失敗を恐れずに、自分の

溝口 恵 副校長先生

School data

所在地：東京都文京区大塚2-1-1
アクセス：地下鉄丸ノ内線「茗荷谷駅」徒歩6分、地下鉄有楽町線「護国寺駅」徒歩13分
生徒数：女子のみ360名
ＴＥＬ：03-5978-5855
ＵＲＬ：https://www.fz.ocha.ac.jp/fk/

- 3学期制
- 週5日制
- 7時限
- 45分授業
- 1学年3クラス
- 1クラス約40名

個性を確立してほしいと考えています。自分の意見というものをしっかり培い、生徒同士がお互いに切磋琢磨し、認めあいながら、自分の可能性をどんどん広げていけるような3年間を過ごしてもらいたいと思っています」と話されます。

「教養教育」を重視したカリキュラム編成

お茶の水女子大附属の1年生には、附属中学から進級してきた中入生（約60名）と外部の中学校から試験を受けて入学してきた高入生（約60名）がいます。

クラス編成は3クラス（蘭組・菊組・梅組）にそれぞれ40名ずつ、中入生と高入生が平均して混在する形になります。

「中入生には附属の幼稚園、小学校、中学校それぞれからの生徒がおり、高入生も様々な環境で育ってきています。そうした多様な個性を持った生徒たちが1学年120名という人数の集団で学んでいるのが本校の特徴です。

入学した生徒たちがお互いになじむために、1年次のオリエンテーションのプログラムで自己開示をして打ち解けたり、5月にある長野県・諏訪(すわ)での2泊3日の合宿で寝食をともにした生活をします。

また5月には体育祭もあります。体育祭は3学年を縦割りにして『団』を作ります。女子だけですから、力仕事も含めて自分たちでこなしていく必要があります。そして、団の先輩から準備を通して様々なことを学ぶことができます。色々な競技を行いますから、そのなかでクラスメイト同士もどんどん仲良くなっていきますね。

本校では、3年生の修学旅行が4月にあるのですが、毎年3年生はそのあとの体育祭に向けて、後輩たちにおみやげを買うなどの気づかいをしながら、どうやって後輩たちと『和』を作るか考えてくれています。

こうした交流から、新入生たちはお茶の水女子大附属にしっかり

校舎の前を彩る銀杏並木

SSH

１年次では「生活の科学」と「課題研究基礎」の多種多様な学びを通じて、お茶の水女子大附属のSSHのテーマ達成に向け力をつけていきます。

と溶け込んでいきます」（溝口副校長先生）

個性を大事にした深い学びが生徒個々のよさをさらに伸ばす

お茶の水女子大附属では「すべてが教養教育」という考えでカリキュラムが作られています。

受験学年の３年次になっても、文系・理系に分かれるというようなことはありません。大学への進路希望に沿って多種多様な選択科目が用意され、生徒は選択した科目の教室へ移動して授業を受ける形です。

お茶の水女子大附属の授業は、各教科の先生方が指導の内容を工夫して開発した特色ある内容で展

施設

木のぬくもりの残る重厚な校舎が生徒を包み込みます。

開されています。

ICT環境も整っています。全教室にプロジェクターとスクリーンが完備され、ノートPCが120台、iPadは約100台用意されています。

「本校の授業は生徒の発言がとても重要視されています。グループでの取り組みや対話的な意見交換なども多く、その発言から授業の内容がふくらんでいくこともよくあるからです。『みんな変わっていて、それでいい』ということがいわれていて、個性を大事にした深い学びが得られていると思います」(溝口副校長先生)

「女子だからこうすべき」といった思い込みや決めつけがないため、生徒それぞれの個性が輝きやすいのが女子校のよさの1つといわれており、お茶の水女子大附属でも、まさにそのよさが発揮されています。

教科によっては小テストが実施され、各学年で数回の学力テストが行われます。1、2年生は国語・数学・英語ですが、2年生の後半からは社会・理科が入ります。

夏休みには教員が設置するものはもちろん、生徒からの申し入れによるものも含めて、様々な夏季補習が行われ、3年生には12月の終業以降に自主的な補習も実施されています。

英語の授業は伝統的にすべて英語で行われます。授業以外に英語を活用する機会としては、同じ敷地内にあるお茶の水女子大の「サマープログラム」に参加して、興味のあるテーマを選んで留学生たちと交流することができます。また、台湾・台北市立第一女子高級中学校との交流もあります。

さらに、お茶の水女子大との連携としては、「新教養基礎」という探究活動における課題設定や望ましいキャリア形成を目的に、「探究入門～問いを立てる」というテーマで授業が行われます。附属高校生向けの公開授業も用意され、1、2年生の希望者が放課後の時間を利用して、大学生とともに受講し

体育祭

3学年が縦割りになって取り組む体育祭。5月に行われることもあり、1年生にとっては学校になじむ大事な機会にもなります。

文化祭

様々な催しが行われる文化祭。コロナ禍であっても、できることを生徒が考えて実行しています。

ていることもあります。ここで単位を取得できると、お茶の水女子大に進学したあとに単位が認定されます。

女性の力を世界に広げる方法を考えるＳＳＨの取り組み

お茶の水女子大附属は２０１９年度からスーパーサイエンスハイスクール（ＳＳＨ）に指定され、新しい研究開発に取り組んでいます。テーマは「女性の力をもっと世界に〜協働的イノベーターとイノベーションを支える市民の育成」です。

１年次に設定されているのは「生活の科学」と「課題研究基礎」です。「生活の科学」は家庭科の科目の１つです。ここでは、生徒が親しみやすい身近な生活のなかの題材（でんぷん・植物の色素・クモの糸など）が扱われ、理数分野への興味・関心につなげていきます。

「課題研究基礎」では数学・理科・情報の融合型授業が行われます。数学・理科・情報の先生方が１年間を通して連携した授業を実施しています。

そこでは「特別講義１〜４」がおかれ、「１、未来を創る科学」「２、図書館を活用した探究の技法」「３、データサイエンス論」「４、プレゼンデザイン論」を学びます。

ここで研究の進め方から発表までの基礎を学習しつつ、科目横断的な３展開授業も同時に学びます。テーマには「数（数学・化学・物理）」「グラフ（数学・情報・生物）」「データ（情報・生物・化学）」が設定され、それぞれ３つの科目からの考察を授業の流れに沿って学んでいきます。

そして「特別講義ワークショップ」として「高レベル放射性廃棄物の処分について」と題された実際の社会課題にも取り組みます。

「体験的な学び」には「⑴水質調査」「⑵身の回りの酸の定量実験」があり、グループでの調査結果や実験の発表が行われます。

２年次には「課題研究Ⅰ」へ向かいます。ここには文系・理系の枠にとらわれない６領域８分野（「地球環境科学」「生命科学」「暮らしの化学」「数理・情報科学」「音楽学」「色と形の科学」「文学」「社会科学」）が設けられ、そのなかから、自らの関心に沿ってテーマを立て、１年間かけて探究学習に取り組みます。最終的に研究成果はまとめられて発表されます。３年次には「課題研究Ⅱ」が設けられ、さらに探究を続けたい生徒が取り組みます。

新型コロナウイルスの感染予防に関してもしっかりとした対応・対策が行われてきました。

「2020年のコロナ禍初期のころは、大学の学習管理システムを使って課題や映像を配信しましたが、徐々に対面での授業に戻すことができました。

本校は各教室に換気扇が設置され、一般的な高校よりも教室が広いこともあり、密になることを回避できているということから、おかげさまで、分散登校をせずに授業を進めることができました。

今年は1年生の学年合宿も実施でき、諏訪の地場産業や新規創出産業について学んできました。体育祭や文化祭も工夫をしながら、可能な形で実施しています」（溝口副校長先生）

お茶の水女子大附属は、お茶の水女子大の附属校ですが、ほかの国立高校同様に大半の生徒は大学受験をすることになります。

ただし、少数ですが、お茶の水女子大へ進学を希望する生徒には、3年生で「選択基礎」を受講し、特別選抜を受けることで進学できる制度が設けられています。

女子校ならではの、伸びのびとした環境のもと、様々な背景を持つ生徒が交わり、切磋琢磨して成長していくことができるお茶の水女子大附属。

「いまの自分の長所を深めたい、あるいは自分が知らなかったよさを本校で見つけたいという生徒さんを待っています。本校で色々なことに興味関心を持ち、自分の可能性を信じ、なにごとにもチャレンジして、あなたの才能を開花させませんか」（溝口副校長先生）

学校生活

入学後すぐにある１年生のオリエンテーションに始まり、多彩な行事や部活動が生徒の学校生活を豊かにしてくれます。

高１のオリエンテーション

ダンスコンクール

中国武術部

箏曲部

■2022年３月　大学合格実績抜粋　（ ）内は既卒

国公立大学		私立大学	
大学名	合格者数	大学名	合格者数
北海道大	2（1）	早稲田大	25（5）
東北大	1（0）	慶應義塾大	24（9）
筑波大	1（0）	上智大	12（2）
お茶の水女子大	18（1）	東京理科大	25（8）
東京大	4（0）	青山学院大	11（1）
東京医科歯科大	2（0）	中央大	11（5）
東京工業大	3（0）	法政大	13（7）
一橋大	1（0）	明治大	32（10）
横浜国立大	1（0）	立教大	21（3）
名古屋大	1（0）	学習院大	4（2）
京都大	3（0）	津田塾大	9（3）

写真提供：お茶の水女子大学附属高等学校　※写真は過年度のものを含みます。

その研究が未来を拓く

研究室にズームイン

ハダカイワシを中心に南極海の食物網を探る

東京海洋大学　魚類学研究室
茂木（もてき）正人（まさと）教授

日本には数多くの研究所・研究室があり、そこではみなさんの知的好奇心を刺激するような様々な研究が行われています。このコーナーではそんな研究所・研究室での取り組みや施設の様子を紹介していきます。今回は南極海の研究に携わる東京海洋大学・魚類学研究室の茂木正人教授の研究についてお伝えします。

画像提供：茂木正人教授、ＮＨＫ、高尾信太郎先生（国立環境研究所）

茂木 正人（もてき まさと）

東京水産大学（現・東京海洋大学）大学院水産学研究科博士後期課程修了、福山大学海洋生物工学科助手、オーストラリア南極局訪問研究員などを経て、2022年より東京海洋大学教授および国立極地研究所教授

外洋域に生息する魚類に着目した研究

日本から、はるか南にある南極大陸。その南極大陸を囲むのが南極海です。冬は船の走行も困難になるほど、一面氷に覆われます。そうした苛酷ともいえる環境に多くの生物が存在し、食べる・食べられるのつながり（食物網）ができあがっていることを、みなさんは知っていますか。さらに、その食物網は地球全体の生態系に関係しているといいます。

今回はそんな南極海の研究に携わる東京海洋大学の茂木正人教授にお話を伺いました。これまでに12回、南極海への航海に参加されています。

東京海洋大学は、「海を知り、海を守り、海を利用する」をモットーに、海に関する様々な研究を行う大学です。魚類学研究室に所属する茂木教授が専門とするのは、「外洋域」に生息する魚類。外洋域とは、大陸から遠く離れた深い海をさします。一方、海底の深さが200mくらいまでの海域は「沿岸域」と呼びます。

「魚類とひと口にいっても、外洋域にいるか沿岸域にいるかで、その誕生から死までの一生を表す『生活史』や生態も異なります。例えば、沿岸域の魚には岩に卵を産みつける種がいますが、外洋域では、岩は何千mも下の海底にしかありませんから、ぷかぷかと浮く卵を産む種がいるといった違いがあります。

そして、外洋域では、その深さによって棲み分けがなされています。1000mより深い海にはチョウチンアンコウが、その上層200mまでにはハダカイワシが、さらにその上にはマイワシが生息しているといったようなイメージです」（茂木教授）

食べる・食べられるのつながり大きな役割を担う

茂木教授が大きな興味を持ってい

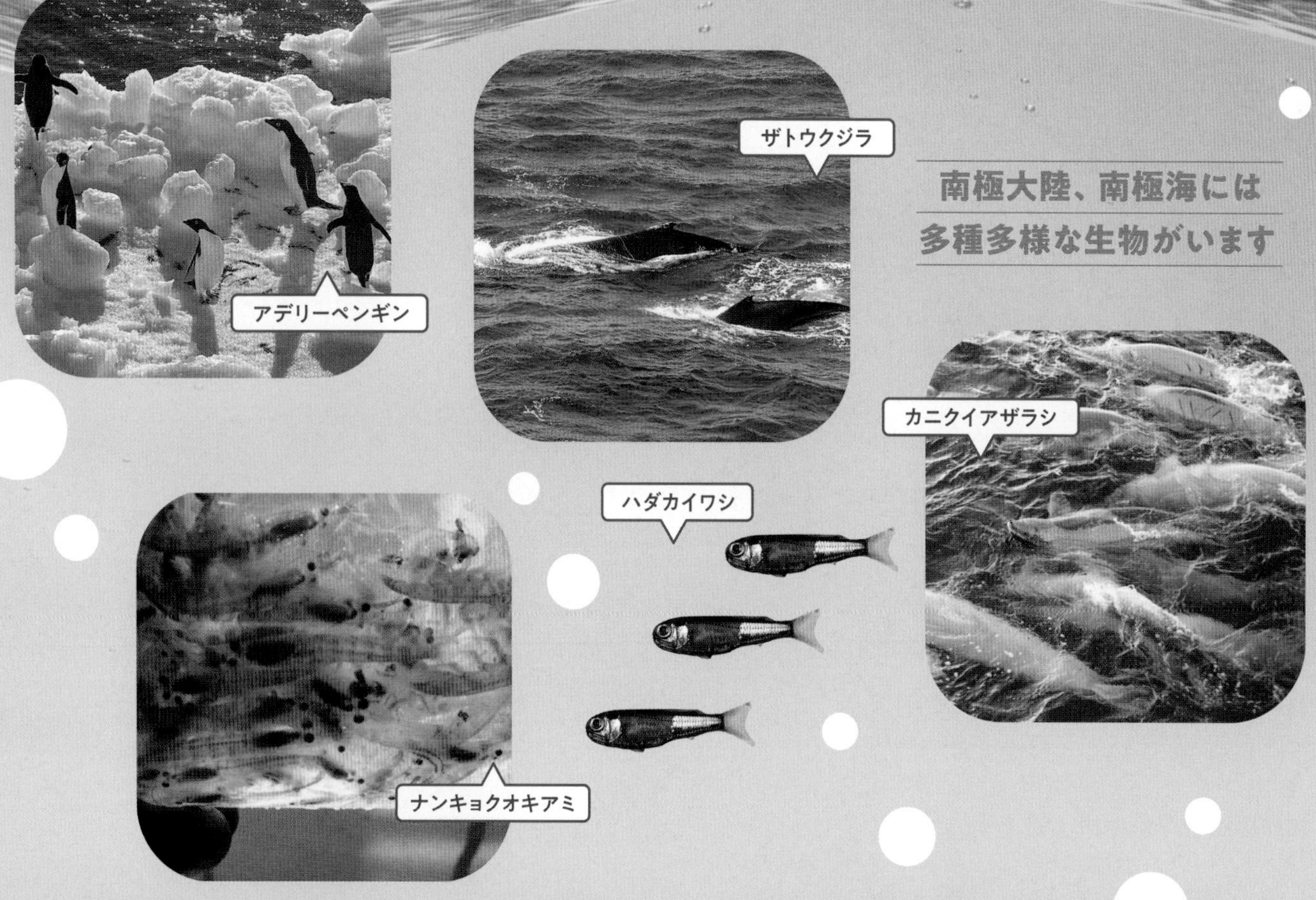

南極大陸、南極海には多種多様な生物がいます

アデリーペンギン

ザトウクジラ

カニクイアザラシ

ハダカイワシ

ナンキョクオキアミ

何層にもなったネットを使い、魚やプランクトンを引き上げています。

るのはハダカイワシです。

「南極海の典型的な食物網は、植物プランクトンをナンキョクオキアミが食べ、ナンキョクオキアミをクジラやペンギンといった哺乳類や鳥類がエサとするといった形です。この真ん中に位置するナンキョクオキアミが重要だと考えられており、ナンキョクオキアミが多く生息する場所にはクジラなど大型の哺乳類もたくさんいます。しかしナンキョクオキアミがあまりいない場所にも、魚や哺乳類はもちろんいます。では、その海域における食物網を支えているのはなにか……それがハダカイワシです。その存在量は、食物網全体に影響を与えますから、ハダカイワシの研究には大きな意味があると感じています」と茂木教授。

南極海を訪れた際には、特殊なネットを使ってハダカイワシを含め、研究材料となる多様なプランクトンや魚を採集するといいます。ネットは、いくつかの層になっているものもあり、網目の細かさによって、異なるサイズの生物をとらえることができるとのこと。採集後は研究室に持ち帰り、顕微鏡でその生態を観察します。茂木教授が現在とくに力を入れているのは、ハダカイワシの仔魚[※1]についての研究です。

「ほとんどの魚は人間と違い、親は子どもの面倒をみません。卵を産んだら、そこでおしまいです。ですから、仔魚は自身の力で生きていかなければならないのです。しかし、成長するためにはエサが必要ですから、親のハダカイワシは本能的に少しでも仔魚の『生き残り率』を上げようと、エサがたくさんある環境に卵を産んでいるのではないか、と私は考えました。その考えから仔魚が育つのに適した環境『ハダカイワシ

※1　魚類の成長過程における初期の発育段階の1つ

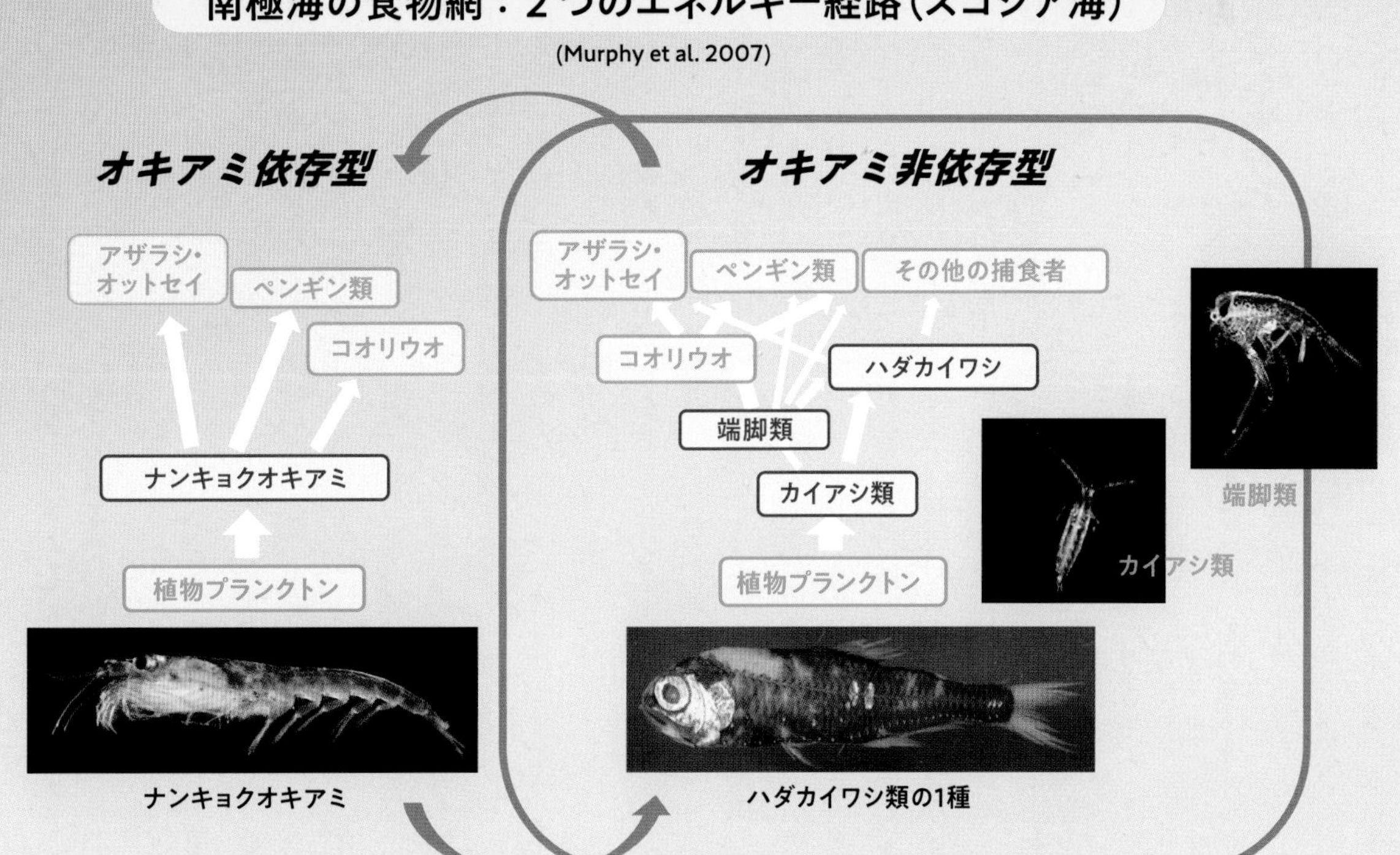

ナンキョクオキアミ
ハダカイワシ類の1種

ハダカイワシの保育園の概念

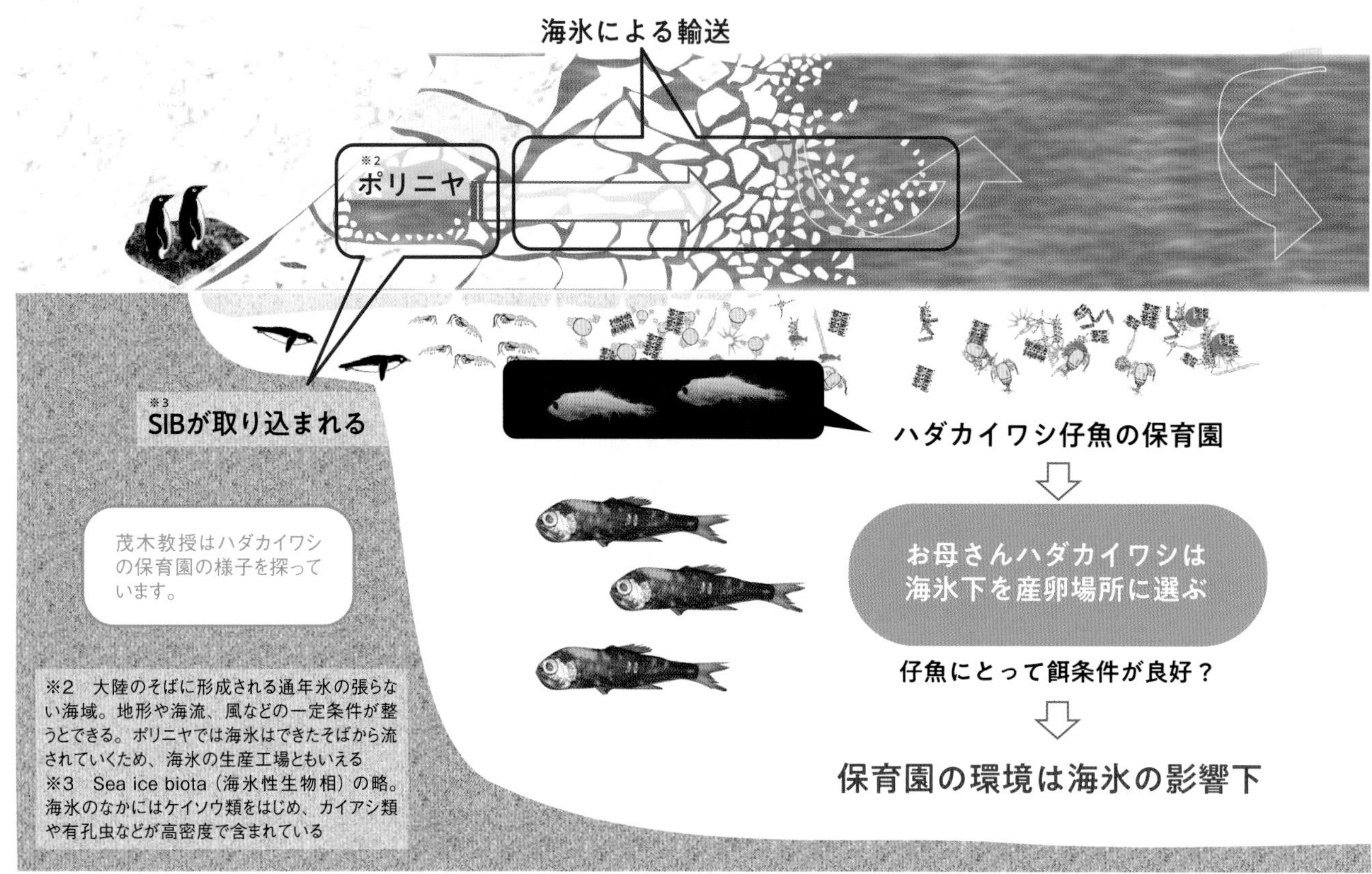

海氷による輸送
※2 ポリニヤ
※3 SIBが取り込まれる
ハダカイワシ仔魚の保育園
茂木教授はハダカイワシの保育園の様子を探っています。
お母さんハダカイワシは海氷下を産卵場所に選ぶ
仔魚にとって餌条件が良好？
保育園の環境は海氷の影響下
※2　大陸のそばに形成される通年氷の張らない海域。地形や海流、風などの一定条件が整うとできる。ポリニヤでは海氷はできたそばから流されていくため、海氷の生産工場ともいえる
※3　Sea ice biota（海氷性生物相）の略。海氷のなかにはケイソウ類をはじめ、カイアシ類や有孔虫などが高密度で含まれている

の保育園』を探すことにしました」（茂木教授）

親が子どもの「生き残り率」を上げようとする行為は、テントウムシなどでみられるそうです。

テントウムシはアブラムシをエサとする昆虫で、お母さんテントウムシは、アブラムシが多くいる葉の上に卵を産むことがわかっています。そこは、子どものテントウムシにとって、良好な「エサ場」というわけです。卵がふ化して誕生した幼虫は、豊富にいるアブラムシを食べて成長します。

そうしたことから、ハダカイワシも、良好なエサ場となる場所に卵を産んでいるであろう、と茂木教授は推測しました。実際に、仔魚は特定の場所に多く分布しており、そのことから、とくに仔魚の胃の内容物に注目して、どのようなものを食べて成長しているのかを探り、「ハダカイワシの保育園」がいったいどのような環境なのか、分析を進めているそうです。

冬は活性が下がり 夏は活発になるワケ!?

さて、すでにお伝えした通り、南極海は冬になると氷に覆われます。そんな状況下で、魚はどのように生活しているのでしょう。その疑問を茂木教授にぶつけてみると、「それはだれにもわかりません。なぜなら、冬は船が走行できず、調査ができませんからね（笑）」との答えが返ってきました。しかし、少しでも解明しようと、夏の間に、海底に調査機器を残してくることも。

「みなさんはマリンスノーをご存知ですか。日本語で表すと沈降粒子です。マリンスノーは、植物プランクトンの分泌物や動物プランクトンのフンなどが分解された有機物と考えられています。このマリンスノーを捕捉できる装置を海底に設置し、月ごとに量を計測、その成分を分析することで、年間を通した南極海の様子をとらえようとしています。

ただ失敗することもあります。装置は重りをつけて、海底に固定しています。回収時にその重りをつないでいるロープを切ると、マリンスノーが入った容器だけが海面まで上がってくるはずなのですが、ロープが絡まって海中に沈んだまま……ということもあるんです」と茂木教授が話されるように、冬の様子を探るのは、とても難しいようです。

「一部ですが、わかっていることもあります。太陽光が分厚い氷に遮られてしまうことから、海中のプラ

南極海の海氷の分布

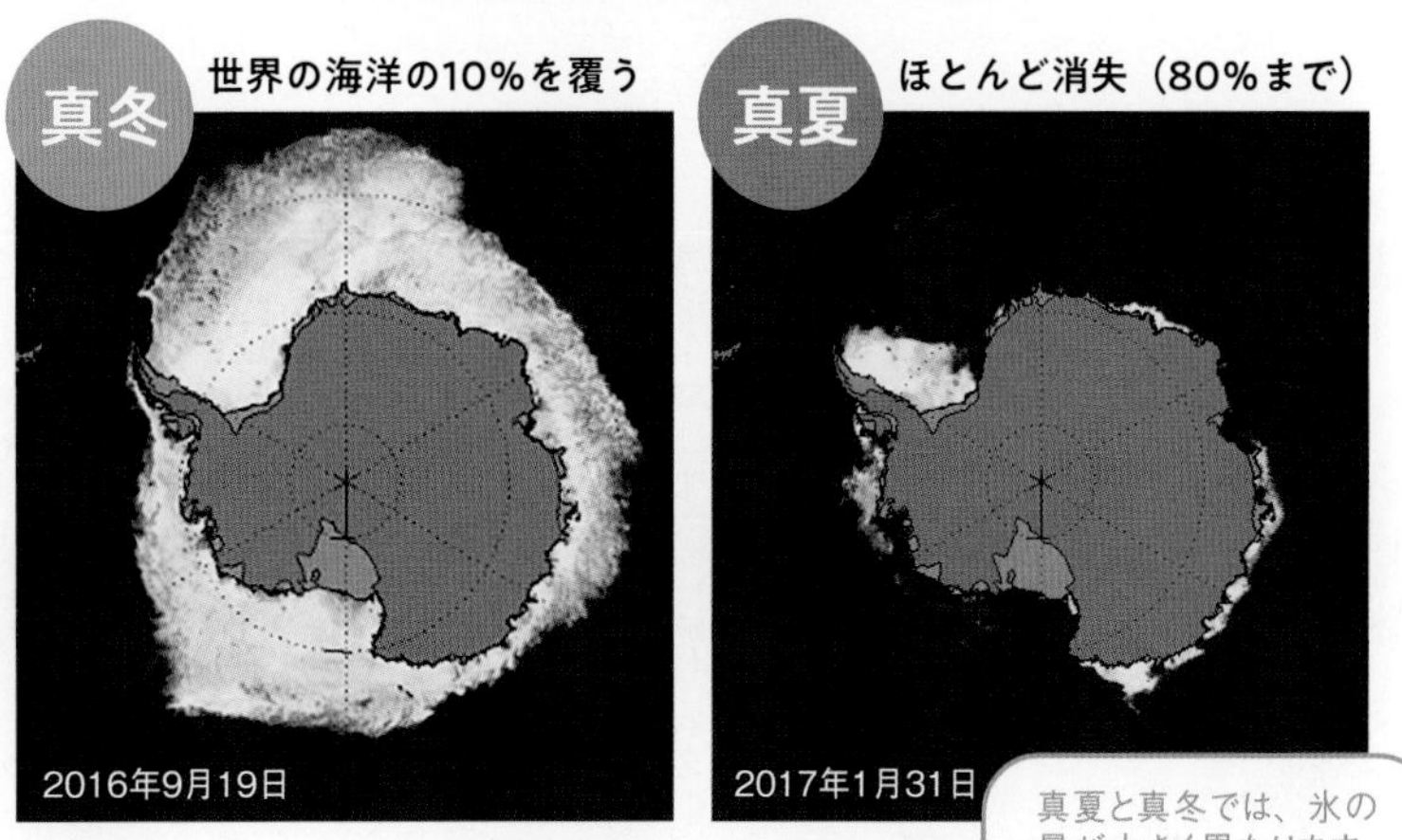

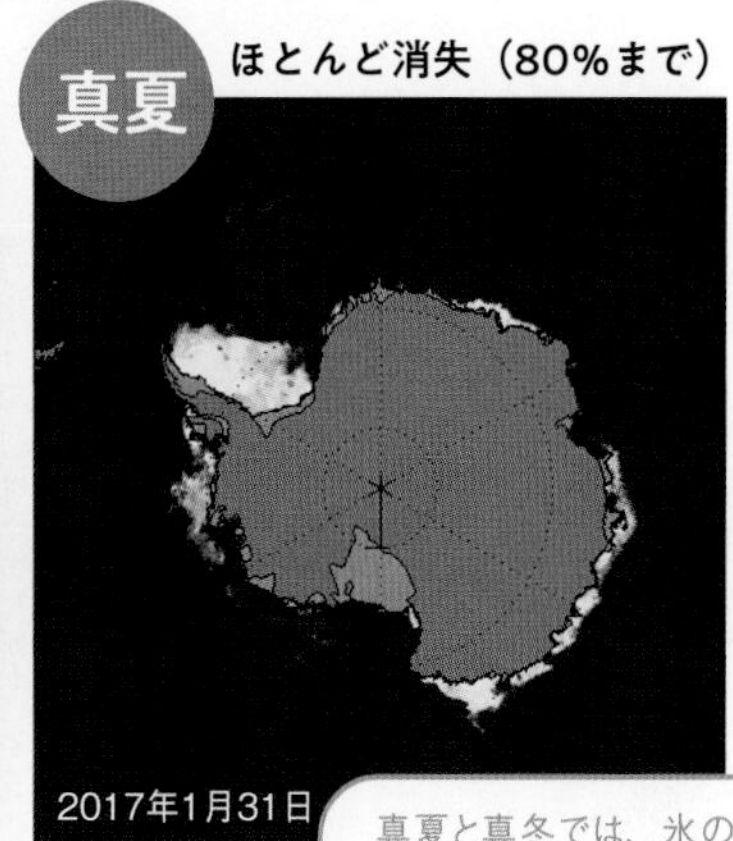

この季節変化に合わせて生物は進化した

真夏と真冬では、氷の量が大きく異なります。南極海ならではの光景です。

ンクトンが光合成できず、数が著しく少なくなるんです。すると彼らをエサとする魚類にも影響し、ひいては哺乳類にも……と南極海にいる生物全体の活動が鈍くなります。一方で夏になると、どの生物も活動が活発に。それは、南極海ならではの理由があります」と茂木教授。

　夏になると生物の活動が活発になる、その秘密は冬の間、海面に浮かぶ氷「海氷」にあるといいます。

　海氷を溶かし、顕微鏡で観察してみると、ケイソウなどの植物プランクトンがいるのがわかるそうです。このケイソウは氷漬けになっているのではなく、なんと海氷のなかで生き、さらには光合成をして増殖しているというから驚きです。

「みなさんがイメージする氷には隙間などなく、たとえ植物プランクトンという微小生物であっても、入る余地なんてない、と思われるかもしれません。しかし、海氷には隙間があります。海水は塩分を含んでいることから、海水の成分のうち真水の部分が先に凍ることで、塩分が凝縮された部分は凍らずに空間ができるんです。ケイソウはそこで増殖します。一説には、ケイソウが粘液を出しており、それが凍りにくい環境を作るともいわれています」（茂木教授）

　こうしたケイソウなどを多く含む海氷が夏になると溶け、結果的に南極海全体に微小生物が大量に放出されることになります。この現象は海氷ができる地域ならではです。すると、エサが豊富になったことで魚類も活性化、さらにペンギンやクジラも……といった具合に、南極海の生物は活気づくのです。

研究にのめり込んだ2つのきっかけ

　幾度も南極海の調査に出かけている茂木教授に、これまでの航海でどんなことが印象に残っているのか尋ねてみると、「初めて南極海を訪れ、心が動きました」とのこと。しかし、「とはいっても、じつは研究を始めた当

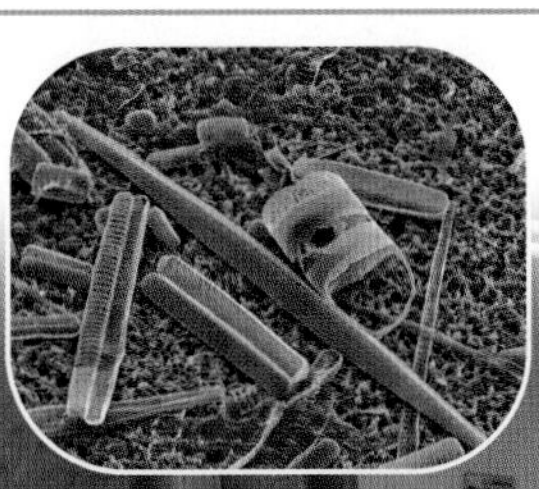

海面に漂う多くの㊨海氷。海氷を分析すると、㊦ケイソウなどの微小生物が見つかります。

南極海を航行する東京海洋大学の「海鷹丸」

初は南極海に心を奪われていたわけではありません（笑）。南極海は日本から遠く、夏しか調査に行けませんから、データが集まりにくく、研究テーマにするにはリスクが高いと感じていました」と続けます。

そう考えていた茂木教授でしたが、２００８年に実施した国際共同研究で気持ちが変わったといいます。オーストラリア、フランス、ベルギーの研究者と何度もワークショップを実施して事前準備をしたうえで南極海を訪れ、帰国後も話しあいを重ねデータを分析、論文をまとめたことが転機だったそうです。

「彼らの研究に対する貪欲さ、パワフルなところに、とても刺激を受けました。また、研究とは色々な人と協力して進めなければいけないものだと改めて気づかされましたね。その経験から、国立極地研究所の南極を専門的に研究している方に声をかけ連携を図るなど、南極海の研究にのめり込むようになり、いまにいたります」と笑顔で語る茂木先生。

さらに、南極海の研究に大きな意味があると実感したのは、ハダカイワシなどをエサとするハシボソミズナギドリについての研究を始めたことが大きなきっかけになったそうです。ハシボソミズナギドリは、南半球で最も個体数が多い鳥ともいわれています。その一番の特徴は、南極海から北極海まで大移動すること。親鳥は南極海でハダカイワシを食べ、オーストラリアのタスマニア州で子育てをし、南半球が冬を迎える前に北上して北極海へ。北半球が冬を迎える前に南下し、再び南半球に戻ります。

「ハシボソミズナギドリは何万羽という数で移動をします。彼らはハダカイワシをエサとしていますから、ハシボソミズナギドリのお腹のなかにいるハダカイワシが移動している、ともいえるわけです。もちろんハダカイワシそのものが胃に残っているわけではありませんが、その成分は体内に数週間残ります。南極海の魚が鳥によって北半球に運ばれていくなんて、おもしろいと思いませんか。

ハシボソミズナギドリが移動中にフンをしたり、なんらかの理由で死んでしまったりした場合は、北半球、例えば日本で土に還るわけです。そうすると、日本の食物網にハダカイワシの分解された成分が取り込まれることになります。

そしてハシボソミズナギドリが北半球で食したものも南極海に持ち帰られ、排泄物などにその成分が混じって南極海の食物網に取り込まれる……ハシボソミズナギドリを介して地球全体の食物網がつながる、この考えに気づいたとき、南極海の食物網を探ることは、地球全体の食物網についても調べていることになり、とても意義のあることだと思いました」（茂木教授）

ジグソーパズルのピースを1つひとつはめていく

熱い思いを持って研究を行う茂木教授。現在の道に進んだきっかけはなんだったのでしょうか。

「幼いころから海が身近にあって、生物に興味を持っていましたね。でもじつは私、明治大学の工学部で2年間学んでから、東京海洋大学の前身である東京水産大学に入学し直したんです。エンジン開発などに関心があって工学部に入りましたが、あるときふと、生物の研究をしてみたいと思いました。生物は、解明されていないことも多く研究にゴールがないことに魅力を感じました」と話されます。

謎が多く残されていると、困難が伴うのではないかと思われるでしょ

各国の研究者と茂木教授（右端）

うが「わからないから楽しいんです。自分にもできることがあると感じられますからね」と茂木教授は笑顔を見せます。

そして、「地球の生態系を1つのジグソーパズルだと考えると、私の研究は、そのピースを1つひとつはめていくような作業です。すべてのピースがそろうことはないと思いますが、色々な研究者と協力して、少しずつ完成に近づける、その作業が楽しいんです。学生を指導する際も、自分はいったいどこのピースを探そうとしているのか、自分が見つけたピースはどこにはまるのか、つねに考えながら研究を進めるように伝えています」と続けます。

そんな茂木教授に中学生への進路選択についてアドバイスをお願いすると、「まずは自分が興味を持っていること、おもしろいと感じることを一生懸命にやってみてください。将来の夢がはっきりしている人はそれに向けて頑張りましょう。夢がまだ見つかっていない人は焦らず、楽しいと思うことをとことんやってみる、それが将来の進路につながるかもしれませんよ」と話されました。

神秘的な雰囲気が漂う南極海。ハダカイワシや㊨ハシボソミズナギドリを取り巻く南極海の食物網は、世界の食物網につながっています。

変化を知るためには データの蓄積が重要

ここまでみてきたように、南極海の食物網は、南極海だけで完結するものではなく、地球全体の食物網につながるものです。そのため南極海の環境が変わり、ハダカイワシの仔魚が育たなくなった場合、地球全体の食物網に影響が出る可能性も十分に考えられます。例えば、近年、取りざたされている地球温暖化やマイクロプラスチックの問題は、南極海の生態にどのような影響を与えているのでしょう。

「多くのハダカイワシの胃から化学繊維が見つかるなど、海洋生物の生活にも影響が出ているのはたしかです。また、マリンスノーにプラスチックの成分が混ざっていることもわかっています。しかし南極海における環境の変化や食物網の変化は、50年、100年という長いスパンでデータを集めないと、はっきりしたことはいえません。だからこそ、定期的に南極海を訪れ、データを蓄積していくことが重要です。私は過去の研究者が集めたデータを使わせてもらっているので、私も未来の研究者が活用できるようなデータを残していかなければと考えています」(茂木教授)

現地を訪れる機会が少ないという困難がありつつも「わからないことを楽しむ」気持ちを大切に、南極海の生物と向きあう茂木教授。まだまだ謎が残る南極海の研究で、今後どのような発見があるのでしょう。

今後はDNA分析装置を使って、より精密な分析をしていきたいと考えています。それによって、新たなピースが見つかることを期待しています。

東京海洋大学　魚類学研究室

所在地：東京都港区港南4-5-7
URL：https://www.jr-eaest.com/

何かをしたい、を
カタチにしたい。

□ 中央大学とつながる

93%

（2021年度　中央大学内部推薦進学実績）

条件を満たせば他大学受験も可能なので、ほぼ100%の生徒が現役で大学へと進学します。

□ 未来の自分とつながる

100冊、6000字

３年間で100冊の課題図書、３年次に6000字以上の卒業論文。他にも「理数探究」「カウンセリング講座」「統計学入門」等を開講。大人になるための教養を身につけます。

□ 世界とつながる

5つの世界、4つの言語

イギリス、オーストラリア、ニュージーランド、中国、マレーシアへ。豊富な海外研修プログラム。英語だけでなく、仏、中、韓、様々な言語を学べます。

「競争」しない、「共創」の学校

誰かを押しのけて自分が一番になる「競争」、これでは自分の世界は広がりません。

中杉で行なうのは、自分とは異なる価値観を持った人たちと、共に新たな世界を創る「共創」。

「共創」のための PBL（問題解決型学習）など多彩なプログラムが、あなたの世界を確実に広げていきます。

フルスペックの大学附属校

中杉は、９割以上の卒業生が中央大学へ進学するフルスペックの大学附属校、高大接続教育のその先にある、７年間の「高大一貫教育」を実現しています。高大アクセスプログラム、スチューデントライブラリアン、ライティング・ラボなどをはじめとした中央大学との共同プログラムによって、７年間の学びをサポートしていきます。

中央大学杉並高等学校

CHUSUGI
CHUO UNIV. SUGINAMI HIGH SCHOOL

〒167-0035　東京都杉並区今川2-7-1
TEL　03-3390-3175　FAX　03-3396-1682
URL　http://www.chusugi.jp/　MAIL　go@chusugi.jp

■ JR中央線・東京メトロ丸ノ内線荻窪駅から西武バスで８分
■ 西武新宿線上井草駅から徒歩12分

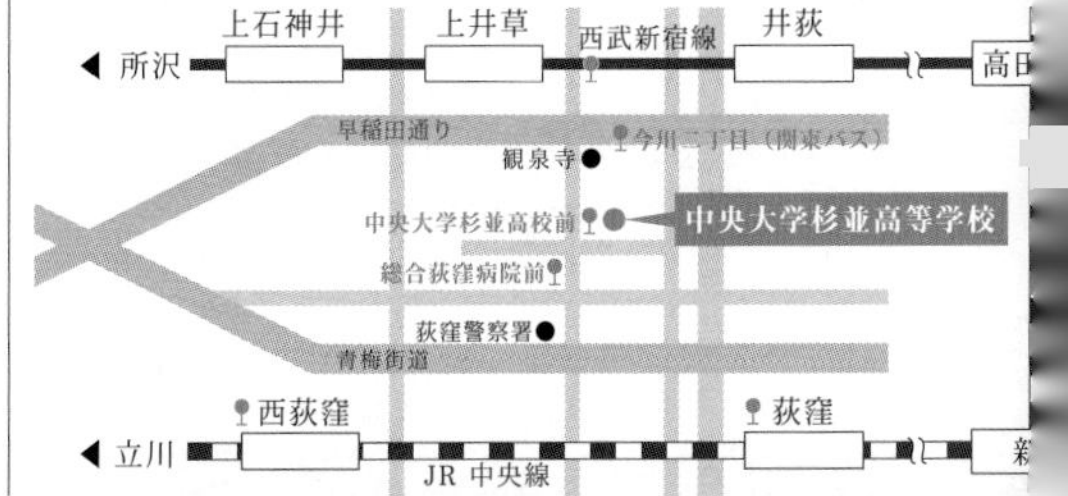

私立高校 WATCHING

東京　武蔵野市　共学校

成蹊（せいけい）高等学校

多様性のある環境で育む「0 to 1（ゼロ トゥ ワン）」の発想を持つ人材

成蹊大学との連携や伝統の国際理解教育など、魅力的な教育を展開する成蹊高等学校。卒業後を見据えた「本物の学び」に取り組める学校です。

仙田 直人（せんだ なおと）　校長先生

所在地：東京都武蔵野市吉祥寺北町3-10-13　アクセス：JR中央線ほか「吉祥寺駅」徒歩20分またはバス、西武新宿線「武蔵関駅」徒歩20分、JR中央線ほか「三鷹駅」・西武新宿線「柳沢駅」バス
生徒数：男子517名、女子469名　TEL：0422-37-3818　URL：https://www.seikei.ac.jp/jsh/

⇒ 3学期制　⇒ 週6日制　⇒ 月～金6時限、土4時限　⇒ 50分授業　⇒ 1学年8クラス　⇒ 1クラス約40名

「琴線に触れる」学びで幅広い進路をかなえる

小学校から大学までがそろう緑豊かなキャンパスに校舎をかまえる成蹊高等学校（以下、成蹊）。手厚い指導や充実した学習環境によって、「知育偏重、画一的ではない人格教育」を実践する学校です。

そんな成蹊の教育方針について、ご自身も成蹊出身である仙田直人校長先生は次のように語ります。

「本校は揺るぎない3つの建学の精神を掲げています。まずは『個性の尊重』。自らの個性を磨くためには物事を幅広く知る必要があるため、リベラルアーツの学びを軸に、様々な体験ができるプログラムを用意しています。そのうえで、他者の個性も尊重し、共感力を持って課題解決に取り組む姿勢を育むというのが2つ目の『品性の陶冶』です。そして最後に『勤労の実践』として、社会で活躍していくための多様な能力の育成をめざしています」

成蹊では学校生活のあらゆる場面で「本物に触れる」ことが意識されています。例えば、理科館と呼ばれる施設には、多くのはく製が並ぶほか、天体ドームや気象観測所など実体験をもって学べる施設が多数あります。

「机上の学びを超えて色々なことに挑戦し、経験を積んでいくなかで『琴線に触れる』ものを見つけてほしいんです。そうした学びを通して、新しいものを創造していける『0 to 1』の発想を持った人材を育てたいと考えています」（仙田校長先生）

家庭科など実技科目での体験を重視した学びも充実しています

成蹊大学への推薦入学はもちろん、医学分野や芸術分野の大学・学部への進学など、例年、幅広い合格実績を出す成蹊。そうした進路希望をかなえる土台となっているのが、柔軟なカリキュラムです。

選択科目の種類が豊富で、とくに高2から始まる「演習」という授業では独自の内容を展開しています。これは希望者を対象として、7・8時間目を使って実施されるもので、大学入試レベルの数学の問題を扱ったり、フランス語・ドイツ語・中国語・韓国語の講義を受けられるなど、その内容は多様です。希望者10人以上で開講され、最大3つまで受講できます。

また、高3では全19コースから選択し、それぞれの志望に沿った学びを進めることが可能です。理系で10コース、文系で9コース用意されており、「成蹊大学への内部推薦か、他大学受験か」「理科における物理・化学・生物・地学の組みあわせ」「日本史・世界史の選択」などの要素から判断し、1コースを選びます。

加えて、ワンキャンパスであることを活かした高大連携教育も行われており、成蹊大学での研究室見学や模擬講義に参加できます。また、大学図書館の蔵書を利用することも可能です。

社会での活躍を見据えた本格的な探究学習

本格的な探究学習も魅力の1つで、なかでも特徴的なのは企業と連携した取り組みです。

例えば大正製薬とコラボした進路企画で、若者向けの商品のパッケージを考え、選ばれたデザインは実際に商品化されるプログラムがあります。生徒たちは、マーケティングの観点から考案したパッケージデザインを、アンケートの実施や企業の方へのプレゼンテーションを通してブラッシュアップしていきます。

「こうした活動で身につく力は、まさしく社会に出てから求められるものだと思います。知識を蓄え

るだけでなく、知識をどう使いこなしていくか、どう実践していくかを考えることが重要なんです」（仙田校長先生）

また、高2の家庭科の授業でも課題学習を実施。自分なりのテーマを設定し、調べたことをまとめてクラス内で発表します。そこで選ばれた代表者は学校全体でのプレゼン大会に挑むという流れです。家庭科と聞くと被服や食生活といったジャンルをイメージしがちですが、家族や消費生活などの分野もカバーしているため、幅広いテーマを扱うのだといいます。

「生徒たちは多彩な内容で課題学習に挑戦しており、昨年では終末医療に関するものや待機児童と保育の質についてのものなど、レベルの高いテーマが多くみられました」（仙田校長先生）

このように校内での発表で自信をつけた生徒たちは校外のコンテストにも積極的に参加しています。探究学習の大会「クエストカップ」への参加や、英語でプレゼンをする「Change Maker Awards」での入賞など、その活躍は多岐にわたります。

伝統の国際理解教育がさらにアップグレード

成蹊の教育におけるもう1つの特色が、歴史ある国際理解教育です。アメリカの名門であるセントポールズ校やチョート・ローズマリー・ホール校、オーストラリアのカウラ高校など様々な学校と交換留学を行っています。

そのほかカリフォルニア大学デービス校での「英語とキャリア教育」を中心に学ぶプログラムや、ケンブリッジ大学の施設を利用してイギリス文化や芸術について学習するプログラムなどがあり、単なる語学学習の枠にとどまらない充実した取り組みばかりです。

さらに、2022年度からはターム留学制度を新設。これは1・2学期の成績により選ばれた生徒が、3学期の間、カナダ・バンクーバーで現地校に通うものです。

「コロナ禍で海外渡航が制限される日々が続いていますが、そんななかでも生徒のモチベーションを絶やさないために色々な仕掛けを用意するのが我々の役目だと思っています」（仙田校長先生）

また、中学校に国際学級を設置しているほか、帰国生入試や留学生の受け入れも積極的に行っているため、校内が国際色豊かな環境であることも魅力です。

こうした環境について「併設の

授業・探究学習

授業や探究学習では外部の方と協力したり、ICT機器を活用するなかで幅広い力が身につきます。「本物に触れる」深い学びも魅力です。

1. 韓国語の演習での様子　2.大正製薬の方と取り組む探究学習　3. 少人数での数学の授業　4. 1人1挺ずつバイオリンを演奏する音楽の授業

小学校や中学校から進学してくる生徒もいますから、うまくなじめるか不安に思う受験生もいるかもしれません。

しかし、本校は帰国生や海外からの留学生も含め多様なルーツを持つ生徒がともに学ぶことを当たり前としている学校です。お互いにいい影響を与えあいながら成長していける校風なので、安心して入学してほしいです」と仙田校長先生は話されます。

学校生活

学校行事、部活動などが盛んなことに加え、国際性豊かな環境も魅力の1つ。3年間を通して様々な体験をすることができます。

5.蹊祭（文化祭） 6.体育大会 7.ラグビー部 8.ダンス部 9.留学生とのふれあい

写真提供：成蹊高等学校　※写真は過年度のものを含みます。

学年を越えて取り組む 成蹊ならではの活動

部活動や学校行事が盛んな点も見逃せません。サッカーグラウンドやテニスコート、体育館はもちろん、「けやきグラウンド」と呼ばれる400m競技場・ラグビー場など充実した施設を活用し、生徒たちは勉強だけでなく幅広い活動に取り組んでいます。ラグビー部や硬式テニス部がよい成績を残しているほか、スキー部やストリングス部（弦楽アンサンブル）など珍しい部があることも特徴です。

また、学校行事では生徒が中心となって運営を行うものもあります。運動委員会が企画・運営する体育大会や、有志がスタッフとして参加する成蹊小学校・中学校の宿泊行事「夏の学校」など、先輩・後輩のきずなを育む行事も豊富です。

ここまでみてきた通り、幅広い教育を展開し、心身ともに健やかに成長できる環境を整えている成蹊。最後に、仙田校長先生から受験生へのメッセージをいただきました。

「学校を選ぶうえでは、実際に自分の目で見て自分に合う学校なのかを確かめることが重要です。まずは一度、本校に来て生徒の様子を見てもらえればと思います。

生徒は本校について『一生仲良くできる友人とたくさん出会える学校』とよく言っています。多様性のある環境で、色々な体験をしてきた仲間とともに学べる学校です。自分の視野を広げて何事にも挑戦していきたいという方、お待ちしています」

■2022年３月　大学合格実績抜粋　（　）内は既卒

国立大学		私立大学	
大学名	合格者数	大学名	合格者数
北海道大	2（1）	早稲田大	41（20）
東北大	1（0）	慶應義塾大	24（4）
国際教養大	1（0）	上智大	31（3）
筑波大	1（0）	東京理科大	12（5）
東京大	1（0）	国際基督教大	3（0）
京都大	1（1）	明治大	26（12）
東京工業大	2（1）	青山学院大	24（6）
東京外国語大	1（0）	立教大	29（8）
東京藝術大	1（1）	中央大	22（5）

しな　がわしょうえい
品川翔英高等学校〈共学校〉

バルーンアート部

お互いに励ましあいながら本番に向けて練習を重ねる

品川翔英高等学校のバルーンアート部は、周りをよく見て行動できる部員が多く、困ったことがあれば相談しやすい雰囲気です。文化祭のほか、地域のイベントやプロの大会のエキシビションなど校外でも練習の成果を発揮しています。

今回紹介してくれたのは

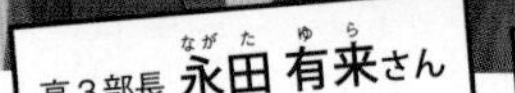

高3部長 永田 有来さん

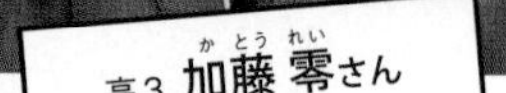

高3 加藤 零さん

School information
所在地：東京都品川区西大井1-6-13　アクセス：JR横須賀線・湘南新宿ライン「西大井駅」徒歩６分、JR京浜東北線・東急大井町線・りんかい線「大井町駅」徒歩12分　TEL：03-3774-1151
URL：https://www.shinagawa-shouei.ac.jp/jhhs/

短期間で制作するために日ごろの練習が重要

全国でも珍しいバルーンアート部がある品川翔英高等学校（以下、品川翔英）。活動は週1日、附属の中学校の生徒と合同で行っています。また、顧問の先生のほかに卒業生でもあるプロのバルーンアーティストが部を訪れ、熱心に指導しています。

バルーンアートとは、バルーンをねじったり、複数のバルーンを組みあわせたりして作るアートです。

「バルーンには様々なサイズや色があり、形も丸いものと細長いものの2種類があるんです。それらを組みあわせることで、色々なものが作れます。バルーンの種類は作りたい作品に合わせて使い分けます」と、部長の永田有来さん。

バルーンアートは時間が経つとバルーンがしぼんでしまうため、展示する直前に制作しなければなりません。短期間で作品を完成させられるよう、部では活動のなかで基本となる技を習得し、磨いていきます。

例えば、バルーンのなかに別のバルーンを入れると、形を変えることができます。三角に折り曲げた細長いバルーンを丸いバルーンのなかに入れると、丸いバルーンが三角形になるのです。そして、細長いバルーンのなかにもっと細いバルーンを入れてふくらませれば、くるくると渦巻き状に！

ほかにも、丸いバルーンを2つ用意し口をそろえた状態で結んで一方をもう一方に入れ込む「アップルツイスト」という技術は、バルーンアートの動物の目などに活用されます。初めはバルーンの割れる音に驚いてしまう部員もいますが、徐々に慣れていくそうです。ひと通りの技を習得したあとも練習を重ね、制作スピードや技術力を向上させていきます。

高3の部員である加藤零さんは「慣れない人でも1、2カ月で簡単な作品を作れるようになります。上達していくと達成感を味わえたり、自信がついたりします。バルーンアート部は初心者から始めた人ばかりです。私と同じく高校から入る人も多いので、だれでも入部しやすいです」と言います。

アップルツイストを行う様子。バルーンを入れ込んだあと、別のバルーンの切れ端でバルーン同士を固定します。

活動するうえで大切なのは仲間とのきずな

例年は文化祭と地域のハロウィンのイベントで日ごろの成果を発揮しています。加えて、夏にはプロの大会「JBANコンベンション」のエキシビションに参加。高さが3mもある大きな作品を大会の会場で制作します。エキシビションの作品は、まず部員全員でデザインを決め、どんなバルーンを使えば制作できるかを考えながら少しずつ変更を加えていきます。

「作品を作るうえで、一番大切なのは仲間の存在だと思います。うまくいかないときは、お互い励ましあうことでモチベーションを高めながら作業しています。このようにバルーンアート部は男女関係なく話しやすい雰囲気で、性別やクラス、学年を越えてたくさんの仲間ができました」（加藤さん）

渦巻き状のバルーンは、タコの足やヒツジのツノのパーツなどになります。

「ほかにも、部の活動を通してコミュニケーション能力や周りをよく見る力も身につきました。バルーンアートは、自分1人だけでは大変だと感じる場面も多いので、人と協力する能力がとくに大事だと思います」（永田さん）

一例をあげると、複数のバルーンをいっしょに結ぶとき、結び目を作るのにとても力が必要なのだそう。練習している技が難しいときは部員同士で声をかけあったりして、和気あいあいと活動しています。

ウサギ㊨の目はアップルツイストで作られています。一方、ゲームのキャラクター㊧は目がプリントされたバルーンでできています。

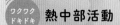

テレビで放映された作品。番組に出演していたアーティストの曲がモチーフになっています。

文化祭では、ディズニーのキャラクターをモチーフにした飾りとバルーンアートのドレスを展示しました。

地域のイベントではハロウィンの飾りをバルーンで作ります。毎年、地域の方に好評を得ているそうです。

写真提供：品川翔英高等学校　※写真は過年度のものも含みます

全員で協力して挑んだ 2年ぶりの大きな作品作り

前述の通り、部では例年プロの大会のエキシビションに参加します。ところが、コロナ禍で一昨年と昨年の大会は中止に。部員はこの2年間、大きな作品を作る機会がありませんでした。そんな折、今年の春にテレビで部が取り上げられ、テレビ局のスタジオで大きな作品を全員で作ることになりました。

永田さんは「中学生や高校から入部した部員は大きな作品を作ったことがなく、中学生のときに入った部員も慣れているとはいえない状況でした。私は中学生のときから入部していたので、自分の経験を活かしながら部長として、ほかの部員が理解しやすいよう、各作業工程を細かく伝えました」と話します。

試行錯誤しながら部員全員で協力し、完成した作品がテレビで放映されました。この夏には2年ぶりの大会のエキシビションに参加します。これからの活躍が楽しみな部です。

勉強  受験

先輩からのアドバイス

高3
永田 有来さん　加藤 零さん

Q品川翔英はどんな雰囲気の学校ですか。

永田さん：生徒数が多いので、気のあう友達がきっとできる学校です。ほかにも、特徴的なコースが4つあり、得意分野を活かしやすいのも魅力です。

Q2人が所属しているコースと、その特徴を教えてください。

加藤さん：高校受験のときに伸びた英語力をさらに鍛えたくて、国際教養コースを選びました。このコースの英語の授業はネイティブスピーカーの先生によるオールイングリッシュで行われるので、とくにリスニング力を養えます。

永田さん：私は理数選抜コース※です。高2までは実験や解剖をたくさん行い、高3から演習問題を中心に学習します。もっと深く学びたい人は、長期休暇中の講習でも解剖などを行えます。

Q受験生にメッセージをお願いします。

加藤さん：私がバルーンアート部で一番印象深い思い出は、高1のときに参加した、地域のイベントでの出来事です。入ったばかりで、まだなにもわからないまま作った作品を、通りすがった地域の方が見て感動してくれたのが嬉しかったです。

また、テレビに出演したときに、みんなで大きな作品を作ることができたこともいい思い出になりました。この部に入って、仲間に恵まれた高校生活になったと思います。

永田さん：理数選抜コースは8時間目まで授業があるのが特徴で、周囲が明確な目標を持って勉強に励んでいるので、私も頑張ろうという気持ちになれます。テスト前はみんなで問題を出しあって勉強しています。

品川翔英は来年3月に新校舎が完成予定です。アクセスがよく、神奈川、埼玉、千葉など幅広いエリアから通学できるので、ぜひ一度見学に来てください。

※2023年度より「難関進学コース」に変更

E カルピス実験（化学）　F コロナ禍でも間隔を広めて行う自彊術体操　G テニス部　H 歌劇部

十文字（じゅうもんじ）高等学校

〈女子校〉

JR山手線や都営三田線など、最寄りの各駅からいずれも徒歩5分、閑静な住宅地のなかに十文字高等学校はあります。今年度より新コースを導入し、伝統を守りつつ、新たな学びのスタイルにチャレンジしています。

生徒の主体性を伸ばし未来を切り拓く力を育成する

自分で考え　判断しそして行動に移す

2022年に創立100周年を迎えた十文字高等学校（以下、十文字）。いつまでも自分を高めることを続けるという「自彊不息（じきょうやまず）」の精神を現在に受け継ぎ、グローバル社会の一員として、自立して活躍できる女性の育成に取り組んでいます。

「『自分自身の生きがいを持ち、自分の力で世の中の役に立てる女性を育てたい』という創立者（十文字こと）の思いを忘れることなく、これからは、社会で必要とされる『自分で考え、判断し、行動に移す』ことのできる人材を育成するために新しい教育を実践していきます」と校長の横尾康治先生は語ります。

十文字の教育目標は、「主体性の伸長」「基礎学力の徹底」「社会性の涵養」、育てたいコンピテンシーは、「挑戦する力・創造力・傾聴力・自己肯定力・表現力・共感力」の6つです。

「昨年度は、育てたいコンピテンシーのなかの『挑戦する力』に焦点をあて、生徒たちに『失敗を恐れないで挑戦しよう』とおりに触れて呼びかけてきました。その結果、生徒会活動を中心に、自分たちで問題提起をし、なにが一番いい解決方法かを生徒自身で考え、様々な制度改革を実施することが

Photo　A カフェテリア　B 和室　C オンライン文化祭　D 生徒広報委員によるプレゼン（学校説明会）

写真提供：十文字高等学校　※写真は過年度のものを含みます。

できました。学校をもっと活性化させるにはどうすればいいのかを、生徒たちが主体的に考えて動く姿が見えてきた感じがします。

そして今年度は、『いかに自走できる生徒を育てるか』をコンセプトに授業を行っています。受け身の授業ではなく、自分で計画し、どうすればもっと伸びていくかを自分でコーディネイトできるような学習スタイルに変えていきたいと思っています。勉強だけでなく、将来、仕事でなんらかのプロジェクトにかかわる場合にもきっと必要な力になると思います」（横尾校長先生）

生徒それぞれの個性を伸ばす3つの新コースを設置

十文字では、次の100年を見据えた教育改革を実践するため、2022年度より新たに3つのコースがスタートしています。

「生徒たちを見ていると、トータルバランスが取れている生徒や1つのことに集中する生徒、探究にのめり込む生徒とそうでない生徒のように、生徒1人ひとりの特性の違いを強く感じました。そこで、学力基準ではなく学びのスタイルが異なる3つのコースを設置し、生徒それぞれの個性を伸ばしていきたいと考えています」（横尾校長先生）

3つのコースのうち、まずは幅広い教科科目やプログラムで教養を身につけられる「リベラルアーツコース」。多様な学びにチャレンジすることができ、文系・理系だけでなく、芸術系・スポーツ系など様々な進路をめざすことができるコースです。

次は「自己発信コース」です。探究の実践を多く取り入れているため、自らの興味関心をとことん追求することのできるコースです。自ら学び行動し、未来社会に貢献できる力を養います。高1ではリサーチ、ディスカッション、プレゼンテーションの技法を体系的に学び、発信できる英語力を身につけていきます。

そして、教科学習に特化した「特選（人文・理数）コース」は、志望大学への現役合格を第一にめざすコースです。高1から人文特選と理数特選に分かれ、難関大学の受験に対応するための学力を養っていきます。

「これからは『考える力』がますます求められる時代だと思います。ただ、この『考える力』は簡単に身につくものではありません。勉強だけでなく、学校行事や部活動などに積極的に取り組み、得た知識を教養に高めていくことで、初めて『考える力』が培われていきます。10年後、20年後を見据えて、この『考える力』を本校で伸ばしていってください。学校は楽しくなければいけません。みなさんが楽しい学校生活を送れるようにしっかりと環境を整えてお待ちしています」（横尾校長先生）

スクールインフォメーション

所在地：東京都豊島区北大塚1-10-33
アクセス：JR山手線「大塚駅」「巣鴨駅」、都営三田線「巣鴨駅」、都電荒川線「大塚駅前」徒歩5分
生徒数：女子のみ683名
TEL：03-3918-0511
URL：https://js.jumonji-u.ac.jp/

2022年度3月　おもな大学合格実績

国公立大	17名	青山学院大	3名
早稲田大	14名	立教大	19名
慶應義塾大	4名	中央大	9名
上智大	2名	法政大	17名
東京理科大	4名	学習院大	9名
明治大	21名	※その他私立大に多数合格	

学校を知る第1歩

学校説明会に行こう！

いよいよ夏休みが目の前です。昨年までなら日差しが強くなるにつれて浮き立つような気持ちに包まれていたのではないでしょうか。しかし受験生の夏休みは違います。まさに受験のために迎える「正念場の夏」だからです。学力のスキルアップはもちろんのことですが、夏休みにやっておかなければならないことの1つが、「色々な学校を知ること」です。そのために最も重要なのが学校説明会への参加です。夏休みは志望校選択の大切な第1歩である学校説明会が本格化する時期でもあるのです。

学校を知る第1歩

学校説明会に行こう!

コロナ禍でオンライン学校説明会が編み出された

受験生の反応や学校の雰囲気が伝わりにくいことも……

実際に足を運ぶリアル学校説明会にはかなわないが、「苦肉の策」という面もあるのじゃ

変則的な実施に終始したこの2年間の学校説明会

学校説明会は、コロナ禍のこの2年、変則的な実施を強いられてきました。

2020年は「新型コロナウイルス感染症」まん延のスタートに重なり、全国的な一斉休校のあとの夏休みでした。

各高校は、受験生の「密」を避けるため、対面での学校説明会を諦め、合同学校説明会も軒並み中止となりました。

各校は一斉休校中にノウハウを得たオンラインシステムで「オンライン学校説明会」という手法を編み出しました。

各校とも一斉に採用したオンライン学校説明会は、一定の効果はあげましたが短所もあり、学校の先生たちの手応えはもう1つでした。

その1つは「いつ実施するか」がわかりにくく、そのPRに四苦八苦だったことだといいます。学校HPに予定を掲載したり進学塾を通じてアピールはしたものの、「いつ?」の周知は当初思うようにいきませんでした。

また、実施にこぎつけたオンライン学校説明会でも、先生方の反応はもう1つ。「受験生の顔が見たかった。パソコン上では顔を出さない人もいる」「参加人数や反応は、やっぱりリアル説明会にはかなわない」などの声が聞こえました。

そう、オンライン学校説明会に対して、実際に受験生と学校が対面しての従来の学校説明会が「リアル学校説明会」と呼ばれるようになったのもこのころでした。

受験生の側も気の毒でした。学校説明会に参加することの最も大きな収穫は、その学校の雰囲気を知ることができる点です。オンライン学校説明会では、雰囲気を肌で感じることはできません。

このようなことから、秋以降、リアル学校説明会を復活させる動きも出てきました。しかし、マスク着用、検温、消毒、アクリル板利用は当然で、厳戒体制の下での実施でした。

校内見学も1家族ごと、10分ほどの間隔を空けながらであり、在校生との交流はゼロ、遠巻きでの見学でした。

今年もリアルが主 オンラインが従のダブル体制！

感染予防をして
リアル学校説明会に
積極的に参加して
ほしいのじゃ

戻ってきたリアル学校説明会 でも否めなかった不自由さ

では、昨年はどうだったのでしょうか。

厳戒態勢での実施がベースでしたが、ほとんどの学校がリアル学校説明会に踏みきりました。ただ、短時間・人数制限のうえでの予約制のため、人気校では予約が取れないという事態も起こりました。同時にオンラインでの実況も試みられました。これには「予約を取れなかった受験生のため」という面もありました。

しかし、コロナ禍は衰えを知らず、実施直前に、リアル学校説明会が中止される例もみられました。

ただ幸い、学校説明会が誘因となったクラスターの発生は聞かれませんでした。

今年の学校説明会は ついにリアル開催が見込まれる

さて、まもなくピークを迎える、今年の学校説明会ですが､リアル学校説明会が主、オンライン学校説明会が従、という昨年の体制を踏襲する形で行われることになりそうです。

すでに日程が発表されている学校がほとんどで、一覧にはリアル学校説明会が並んでいます。実施は厳戒態勢の下で行われるにせよ、昨年よりはスムーズに進みそうです。同時にオンラインで実況するとしている学校も多くみられます。

久々に「ほんとうのリアル」で学校説明会が開かれることに、各校の期待も大となっています。

ただ、受験生は感染予防についての警戒を緩めるわけにはいきません。

5月から、東京を中心に患者数のマイナスが続き、希望の光が差し込んでいますが、受験生は、これまで通りの感染予防を実施しながら、それでいて積極的にリアル学校説明会への参加を計画しましょう。

学校を知る第1歩

学校説明会に行こう！

受験可能性がある高校の学校説明会には必ず参加を

学校説明会への参加ではどんなことに注意が必要でしょうか。1つには各校HPの確認を怠らないことがあげられます。コロナ禍が好転するにせよ、人数制限の緩和など、変更点が発表される可能性もあるからです。

さて、みなさんは周囲から「そろそろ志望校をはっきりした方がいい」と言われていると思います。合格に突き進むには目標が明確になっている方が有利です。スポーツと同じですね。

そのためにも気になっている高校の学校説明会には積極的に参加し、学校の普段の姿を観察してきましょう。とくに受験可能性がある学校の説明会には必ず参加し、1度だけでなく再度の訪問も考えましょう。

昨年は人数制限はあったものの各都県で合同学校説明会も復活しましたので、今年の開催も見込まれます。合同学校説明会では1度に複数校にふれあうことができます。比較することによって学校を見る目も養われ、併願校を絞り込む際に重要なポイントにもなります。

各校では学校説明会に限らず、従来は部活動見学や合唱祭、体育祭、文化祭なども見学が可能でした。これらは生徒の普段の姿に接することができるため、学校文化を知る絶好の機会でした。コロナ禍にあって、この2年間は各校とも見学を認めていませんでしたが、感染症が順調に収束に向かえば見学再開もありえます。各校のHPをこまめに確認しましょう。

学校説明会の回数が少ない高校は初秋に集中します。志望校の学校説明会日程が重複してしまう場合もありますので、その場合はどちらを優先するのか、あらかじめ考えておかなければなりません。

各校では、感染症対策や予防のために、入校について独自の取り決めを行っているケースもありますので、HPでよく確認する必要があります。

繰り返しになってしまいますが、高校入学後に「こんなはずでは」などということにならないためにも、受験可能性のある高校の学校説明会には必ず参加しておきましょう。

合同説明会にも積極的に参加しよう！

併願校を絞り込む
際の参考のために
行っておきたい！

可能性がある学校の説明会には必ず参加しよう！ 各校HPの確認も忘れずに！

学校を知る第1歩

学校説明会でわかることわかりたいこと

森上教育研究所
高校進路研究会

前のページまで、今年の学校説明会はどんな実施になるのかについて予測し、注意点も述べてきました。ワクチンの効果もみえてきて、新型コロナウイルス感染症の猛威は、昨年ほどには振るわないだろうとの見方もありますが、受験生は決して安心してはなりません。そんななかにあっても学校説明会への参加は、受験生にとっては欠かせないものです。学校側にとっても同じで、自らの学校を少しでも受験生に知ってもらいたい学校は、この機会をとらえた受験生とのコンタクトを楽しみにしています。そこで今回は、学校説明会で「わかること」はなんなのか、また、受験生にとって「わかりたいこと」はなんなのか、森上教育研究所の高校進路研究会に聞きました。

さあ、学校説明会に行く準備はできました。あとは申し込むだけです。

「リアル学校説明会」が今年の潮流に

昨年度は、おもにオンラインでの学校説明会を行っていた学校、リアル学校説明会に踏みきった学校、両方を同時に開催していた学校とに分かれ、いずれも手探りの状態が

学校を知る第1歩

学校説明会で わかること わかりたいこと

続いていました。

5月に入り、とくに東京都の新型コロナウイルス感染症の罹患数がマイナスに転じた状況もあって、今年度は「万全の感染対策を実施しています」とうたい、様々な対策を取りながら、学校説明会・見学会を「リアルで実施する」と発表する学校がほとんどになってきました。

しかし、まだ収束にいたったわけではありません。今後の感染状況によっては再びオンラインのみでの実施となる可能性もありますので、気になる学校を訪ねることができるこの機会を逃さないようにしましょう。

学校説明会への参加をおすすめする一番の理由は、その情報量の多さにあります。実際に志望する学校に赴き、見学した授業がワークショップやグループワーク主体だとすれば、その雰囲気に自分はついていけるのか、考えることができます。また、そのほかの特徴的な取り組みについて質問もできます。

さらに入試問題の解説を行う学校もあります。そこでは出題意図や問いのなかでなにに気づいて解いてほしいのかなど、具体的な入試のアドバイスももらえます。

このように入試に関する情報を手に入れたり、入学後の自分の姿をイメージできる機会が学校説明会なのです。これは、とくにリアル学校説明会での長所です。

Webサイトやパンフレットで志望校をピックアップ

とかく偏差値による学力難易度や知名度で志望校を決めがちですが、学校には、とくに私立高校にはみなさんが思っている以上に個性があります。

大学進学だけでなく、グローバル教育、STEAM（科学・技術・工学・芸術・数学分野の）教育、探究学習などに力を入れている学校など、その個性は学校の数だけあります。得意な教科や興味を持てそうな分野から複数校をピックアップしていきましょう。

学校が力を入れている教育内容は、その学校のHPやパンフレットに書かれています。これらは最も手軽に調べられるツールとなりますので活用していきましょう。

また、オンライン学校説明会にもそれなりの長所があります。インターネット環境があればスマートフォンやタブレット端末、PCで自宅からでも視聴可能で、移動に時間がかからない気楽さがあり、少し興味を持っている程度の学校にも参加しやすく、また、親子や友人同士で会話をしながら参加することもできます。

逆にリアル学校説明会ではおしゃべりをしながら参加するわけにはいきません。友人や家族で感想を出しあいながら複数の視点で学校を俯瞰できることや、メモを取りやすく、多くの学校の情報収集に便利なこともオンライン学校説明会のよさといえます。

一方、リアル学校説明会では、前述のプラス材料のほか、在校生の様子やふとした瞬間の先生の言動、のちに同級生となるかもしれない、ほかの参加者の様子など、素の学校の姿も知ることができます。

このような肌で感じる雰囲気は意外に重要で、学校の印象として強く残るものになります。

ですから、リアル学校説明会にしろ、オンライン学校説

学校を知る第1歩

学校説明会で わかること わかりたいこと

■ 学校説明会のおもなチェックポイント

教育内容について	
コースによるカリキュラムの違い	コースによってどのような特徴があるのか。また深度・進度の違い、コース間移動ができるかなど
特徴的な取り組みは?	SSH(スーパーサイエンスハイスクール)、グローバル教育、STEAM教育、ICT教育、探究学習に力を入れているなど
授業に特徴があるか	アクティブラーニング、探究学習、ゼミ形式、オンライン授業やICTの活用、外国語への取り組みなど
進路指導の方針	大学合格実績、キャリア教育、大学など学外組織との共同講座など
授業以外の学習支援	自習室の開放やチューター制、クラスごとではなく学年担任制であるなど
学校生活について	
校舎・その他設備、制服	図書館や自習室、Wi-Fi環境が整っているか、制服は好みかなど
1年間の流れ	学校行事や修学旅行、海外研修など
部活動の様子	興味ある部活動の活躍状況など
その他	
在校生の感想	先輩が学校のどの部分に満足しているのか

明会にしろ、志望校もしくは興味を持った学校のものであれば、一度は参加されることを、強くおすすめするわけです。

なお、前のページでも触れていますが、コロナ禍にあっては、リアル開催の学校説明会はほとんどが予約制となっています。回数や席数も少なくなっており、なかには申し込み受け付け開始後の数分で満席となる学校もあります。

興味を持った学校や志望校候補とした学校については、可能な限り早めに予約を取りましょう。

学校説明会で押さえておきたいポイントは

このコーナーのタイトルには「学校説明会でわかることわかりたいこと」とあり、ここまで「わかること」は説明してきました。上の表にある学校の個性が出やすい項目は「わかる」はずのものです。多くの学校説明会に参加し、ポイントを比較検討してみてください。

次にみなさん自身が個々に「わかりたいこと」については、積極的に質問していく必要があります。学校側でも受験生からの質問は大歓迎ですから臆することはありません。

その学校がアピールポイントとしている教育内容については、どの程度の深さで実施されているのかを確認しましょう。

例えば「グローバル教育」を前面に押し出している学校でも、その内容には次のような違いがあります。

・英語力を伸ばす教育に力を入れている
・海外の高校生等との交流活動に力を入れている
・海外大学への進学に力を入れている　など

同じ「グローバル教育」という言葉でひとくくりにできるにしても、学校によってその中身が異なることがあります。入学後に、思っていたものと違った、とならないよう、しっかり聞いておきましょう。

学校説明会に赴くことによって、志望校が明確になることはもちろん、受験に対する自分の覚悟も作り上げられていくものです。

森上教育研究所・高校進路研究会
1988年、森上展安氏によって設立。受験と教育に関する調査、コンサルティング分野を開拓。私学向けの月刊誌のほか、森上を著者に教育関連図書を数多く刊行。高校進路研究会は、幅広い高校進学ニーズを抱える中学生、保護者に向け、おもにWebを通じて様々な角度から情報を提供。

受験生のための
明日へのトビラ

このページは受験生のみなさんにとって、見逃せない首都圏の教育ニュースを追いかけ、わかりやすくお伝えするページです。中学校での学びに加え、高校受験情報（都県の公立高校、私立高校の入試変更点、新設校、コース新設、改編、入試展望・入試結果）など、この1年間の受験生活に焦点をあてた身近な話題やニュースをお伝えしていきます。保護者のみなさんのお役にも立つと思います。

NEWS

数値上昇も中高英語力50%届かず 英語力向上に「英語で授業」が効果

文部科学省は5月、「2021年度英語教育実施状況調査」の結果を公表した。

政府が目標とする水準の英語力、英検3級相当以上の中学生は47.0%、英検準2級相当以上の高校生は46.1%だった。

ともに文科省が掲げた目標の50%には達していないものの、経年結果として着実に改善が進んでいることが明らかになった。

「英語教育実施状況調査」は、英語教育改善のための施策状況について調べ、今後の国の施策の検討に資するとともに、各教育委員会における英語教育の充実や改善に役立てるため、2013年度より毎年実施。2020年度はコロナ禍のため中止している。

対象は、各都道府県・市区町村教育委員会所属の、すべての公立小学校、中学校、高校。調査実施基準日は2021年12月1日。調査学校数は小学校1万8862校、中学校9252校、高校3306校。

ただ今回の調査では、中学生・高校生の英語力は都道府県・政令市による差が大きかった。

英検3級相当以上の英語力を有する中学生の割合では、さいたま市86.3%、福井県85.8%などが高く、佐賀県31.9%、愛知県32.0%などが低かった。

さいたま市、福井県ともに授業で英語をコミュニケーションに使っている割合が多いという。

全国学力テスト4年ぶり理科実施 小6算数で「プログラミング」も

小学6年生（小6）と中学校3年生（中3）の全員を対象にした文部科学省の「全国学力・学習状況調査」（全国学力テスト）が4月、いっせいに行われた。

全国学力テストは2007年度に開始され、現在はすべて紙に向かってのテストだが、文科省は2025年度にも、まずは中3を対象にパソコン（タブレット端末）で実施する新方式への移行をめざす。

文科省によると、今回の参加は国公立の全校と私立の46.3%で、小学校は1万9007校の約105万1000人、中学校は9856校の約103万4000人が受けた。

今回は国語と算数・数学に加えて4年ぶりに理科も実施された。

「主体的・対話的で深い学び」を掲げた新学習指導要領が小中学校で全面実施され、中3は今回から新指導要領に基づく出題となった。設問では新たな学習指導要領がめざしている「知識を活用して思考力・判断力・表現力を測る」出題がめだった。

中3の国語では文書作成ソフトを使った授業を題材に、Webページから情報を引用できるかを問うた。

小6算数には新指導要領で導入されたプログラミングに関する問題が初めて登場した。

理科は実験や観察で得たデータを分析する力を測り、身近なものを取り上げた設問も多かった。

結果は7月下旬に公表される。

首都圏公立高校2023年度入試日程

神奈川県公立 （全日制）

［出願期間］2023年1月25日（水）～2月1日（水）
※土日を除く。同25日（水）～27日（金）は郵送のみ受付（必着）。
［志願変更期間］2月6日（月）～8日（水）
［学力検査］2月14日（火）
［面接・特色検査］2月14日（火）、15日（水）、16日（木）
［追 検 査］2月22日（水）
［合格発表］2月28日（火）
［追加の検査］3月9日（木）
［追加の検査の合格発表］3月15日（水）
※［追加の検査とは］新型コロナウイルス感染者または濃厚接触者認定により学力検査等のすべてを受検できなかった人のうち、受検を希望する人を対象として実施。

千葉県公立 （全日制）

［出願期間］2023年2月8日（水）、9日（木）、10日（金）
［志願変更期間］2月15日（水）、16日（木）
［学力検査］2月21日（火）、22日（水）
［追検査受付］2月24日（金）、27日（月）
［追 検 査］3月1日（水）
［合格発表］3月3日（金）
※［追検査対象］検査日当日にインフルエンザ罹患（りかん）などやむをえない理由により、本検査を受けられなかった者。

埼玉県公立 （全日制）

［出願期間］2023年2月9日（木）、10日（金）、13日（月）
※［出願期間には］「入学願書」、「調査書」、「学習の記録等一覧」の提出期間
※2月9日は郵送による提出
［志願変更期間］2月15日（水）、16日（木）
［学力検査］2月22日（水）
［実技検査（芸術系学科等）、面接（一部の学校）］2月24日（金）
［合格発表］3月3日（金）
［追 検 査］3月6日（月）
［追検査合格発表］3月8日（水）

［留意事項］
※追検査はインフルエンザ罹患をはじめとするやむをえない事情により学力検査を受検できなかった志願者を対象とする。

※追検査の入学許可候補者は、原則、募集人員の枠外で決定する。

※欠員補充の日程及び内容については、実施する高等学校において定める。

【東京都立高校の入試日程は次号以降で】

東京都立高校の2023年度入試日程は、本誌締め切りまでには発表されませんでした。次号（夏増刊号）および次々号（10月号）に掲載いたします。

あの学校の魅力伝えます
スクペディア No. 78

佼成学園女子高等学校

東京都　世田谷区　女子校

所在地：東京都世田谷区給田２-１-１　生徒数：女子のみ546名　TEL：03-3300-2351　URL：https://www.girls.kosei.ac.jp/
アクセス：京王線「千歳烏山駅」徒歩５分、小田急線「千歳船橋駅」バス

国際社会で求められる資質を養う

「国際社会で平和構築に貢献できる人材の育成」を建学の精神に掲げ、真のグローバルリーダーの輩出をめざす佼成学園女子高等学校（以下、佼成学園女子）。様々な教育活動を通して生徒１人ひとりの「人間力」を育むと同時に、充実した探究学習や英語教育により「たしかな学力」を育成します。

高校のコースは圧倒的な英語力を身につける「国際コース」、国公立大学・難関私立大学への合格を目標とする「特進コース」、勉強はもちろん部活動や生徒会活動にも打ち込める「進学コース」の３コース制です。このうち「国際コース」は、１年間の留学を経験する「留学クラス」と、英語力と課題解決力を磨く「スーパーグローバルクラス」の２クラスに分かれます。

心の育成から学力の構築まで

豊かな人間性を意味する「人間力」の育成には、多くの経験を通じて心を動かすことが重要です。佼成学園女子では、「挨拶」「食前・食後の感謝」「校門出入り一礼」「整理整頓」「思いやり」の５項目を、「５つの実践」として大切にしています。それぞれは日常生活を送るうえで当たり前の行動ですが、しっかりと意識することで「人間力」の基礎が育まれるという考えです。そのほか、行事や部活動、生徒会活動なども「人間力」を培う経験となります。

また、探究学習を重視している点も特徴です。全コースの生徒が高１・高２の２年間をかけて探究学習に挑戦します。高１では、講義とグループワークによる探究学習入門の授業で課題研究の基礎を習得。そして高２ではコースごとに探究学習ゼミナールで課題研究を進め、実際に調査や論文作成などに取り組みます。学年末には成果発表も行います。

「たしかな学力」の点では英語教育の充実ぶりがめだちます。授業では聞く・話す・読む・書くの英語４技能をバランスよく育成。授業を通して外国人教師とのゲーム、スピーチ、プレゼンテーションなどの機会も多く、英会話力も育みます。年に２回、学校全体で英検に臨む「英検まつり」も、生徒の英語力強化につながっています。

建学の精神に則り、国際社会で求められる資質を培う佼成学園女子。いきいきと成長する生徒を全力であと押しする学校です。

あの学校の魅力伝えます
スクペディア No.79

横須賀学院高等学校

神奈川県　横須賀市　共学校

所在地：神奈川県横須賀市稲岡町82　生徒数：男子846名、女子953名　TEL：046-822-3218　URL：https://www.yokosukagakuin.ac.jp/
アクセス：京急線「横須賀中央駅」徒歩10分、JR横須賀線「横須賀駅」徒歩18分またはバス

世界に貢献できる人物をめざして

神奈川県横須賀市、東京湾を臨む三笠公園のそばに横須賀学院高等学校（以下、横須賀学院）のキャンパスはあります。1950年の創立時より、キリスト教をいしずえとした「敬神・愛人」（神を敬い、隣人を愛する）を建学の精神に掲げ、愛と奉仕の精神のもとで1人ひとりが持つ才能を活かし、世界に貢献できる人材の育成を目標とする学校です。

希望進路を見据えた2コース制を採用

横須賀学院では、卒業後の進路を見据えた2つのコース制を採用しています。国公立大学や難関私立大学をめざす「S選抜コース」、そして多様な進路に対応できる「A進学コース」です。高2からはコースごとに文系と理系に分かれますが、「S選抜コース」のみ、高3でさらに国公立大学や最難関私立大学をめざす生徒で構成される「SS選抜コース」を設置しています。

学習指導も手厚く、高1・高2は土曜日の午前中に3時間の通常授業を実施し、学習時間を確保。高3では各自の希望進路に合わせた講座を選択する土曜講習を行っています。

長期休暇中の講習も充実しています。夏休みには10日間の夏期講習が毎年あり、「S選抜コース」では学習合宿も行い、さらに12月の冬期講習、3月の春期講習も受けられます。受験期には志望大学のレベル別に入試直前講習も設け、受験に向けた最後の追い込みをサポートします。

さらに、「横須賀学院セミナリオ」という独自の教育プログラムにより、生徒の探究心に応える教育環境を用意しています。研究者や専門職の方の出張講義を聴講できるサイエンスセミナー、研究機関を生徒が訪れて体験実習や施設見学を行うプレカレッジプログラム、専門家の指導を直接受けられる高大連携授業など盛りだくさんの内容です。

高大連携教育では、創立時のつながりがある青山学院大学の講義が聞ける「学問入門講座」もあり、高校生のうちから大学での学びに触れられる貴重な機会となっています。

横須賀学院では、そのほかにも国際交流教育や、ICT機器を活用した授業の実施など、様々な面から生徒の学習意欲を刺激し、手厚い指導で学力を伸ばす教育を実践しています。豊かな人間性と、しっかりとした学力を育み、社会に貢献できる人物を育てる学校です。

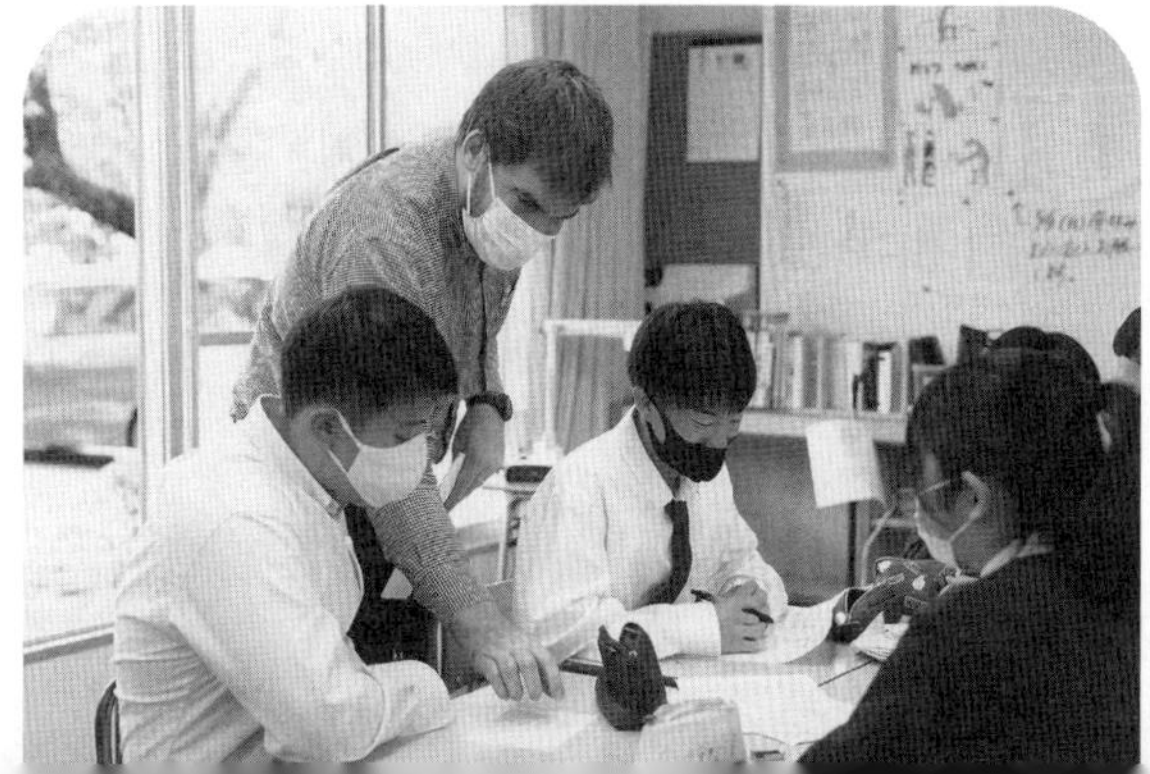

お役立ちアドバイス！

受験生へのアドバイス

同じころに勉強を始めた友だちが成績を伸ばしているのに、自分はあまり伸びていないのではないかと不安に思っている方へ

一時的な数値に一喜一憂することなく、ゆったりとした気持ちで自分なりの学習を進めましょう。

Advice

おそらく同じような不安を、多くの受験生が抱いているように思います。ご自身も「友だちは友だち」で「自分とは違う」ということは理屈では理解できていても、自分の学力の伸びが劣っているように感じられる……。じつは、みんな同じなんです。

例えば、逆にその友だちの方からみると、まったく同じようにほかの人と比べて自身が不十分だと考えている場合も少なくありません。

成績の伸びには当然ながら個人差があり、ある時点で単なる数値が伸びているかどうかを比べることに意味はないのです。各種テストなどの得点や偏差値というものは、単にその時点における指標の１つにすぎず、今後の努力しだいで大きく変化するものです。

大事なことは、一時的な数値の変動に一喜一憂することなく、ゆったりした気持ちで自分がいまやるべきことを１つひとつ着実に実践していくことです。ゆっくりした歩みであったとしても、少しずつ努力を積み重ねることで必ず実力がつき、成績は伸びていくものです。

学力というものは、いわば空腹のときに、ものを食べて満腹感を覚えるような、即時にその効果が実感できるものではありません。むしろ、食べたものが消化され、それが養分となって身体の組織が形成されるように、ある程度以上の長い時間が経過して、やっと形になって表れるものなのです。

焦ることなくじっくりと勉強に取り組んでください。きっと、その成果が表れる日が来るはずです。

知って得する

保護者へのアドバイス

「受験生がいる家庭では、意識して時事問題や色々なニュースについて、話題にした方がいいのでは？」と悩んでいる保護者の方へ

受験生にとってご家庭はほっとする憩いの場、温かく見守りながら家族で受験を乗りきりましょう。

Advice

受験生のおられるご家庭では、時事問題などについて話しあうことで、受験にも役立つのではないかと考えるのは、ごく当然のことだろうと思います。もちろん、そうした話題が自然にご家庭内でこれまでも展開され、受験生ご本人もそれを抵抗なく受け止めている状況であるのなら、受験生にも広い意味でプラスに作用することは間違いないでしょう。

しかし、中学3年生の高校受験学年になったからといって、急に時事問題やニュースで取り上げられることを話題にするのも少し考えものかもしれません。お子さんにとっては無言の受験プレッシャーとなってしまう場合も、十分に予測できるからです。

厳しい受験勉強を強いられる受験生にとって、ご家庭での団らんは、ほっとするひとときでもあり、精神的に穏やかになる憩いの時間ではないでしょうか。

時事問題やニュースといった知識は、確かに社会科や理科、国語、英語などで一部は出題される可能性もあるのですが、実際にはその割合や入学試験全体に占める割合はきわめて限定的なものです。もちろん、日常の会話から身につけた知識は、試験において大きな力となります。しかし、それを意図的に家庭内の会話で涵養しようとしても、少し無理が生じるでしょう。

ご家庭では、保護者として受験生をしっかりと見守りながら、受験生の方から、そうした話題を持ち出してきたときには、全力で対応するように心がけることをおすすめします。

特別進学クラス　大進選抜クラス　大学進学クラス

保善高等学校

100年の歴史を基盤に
「新しい自分・自分が望む自分」を創る単独男子校

東大合格！早稲田・慶應を含む現役進学率87%の実績!!

交通アクセス

高田馬場駅より 徒歩8分
- JR山手線
- 西武新宿線
- 東京メトロ東西線

西早稲田駅より 徒歩7分
- 東京メトロ副都心線

西武池袋線・東武東上線・東急東横線・みなとみらい線が相互乗り入れ運転

〒169-0072 東京都新宿区大久保3丁目6番2号

資料請求

入試広報部 フリーダイヤル
0120-845532

保善高校  スマートフォンでもご覧頂けます | hozen.ed.jp

資料請求やWeb予約はホームページから

学校説明会と個別相談会 Web予約が必要です

9/24㊏　10/15㊏　10/29㊏　11/5㊏　11/19㊏　11/26㊏　12/3㊏　全日程10時開会

個別受験相談会 Web予約が必要です

9/25㊐	10時～15時
10/23㊐	10時～15時
11/27㊐	10時～15時
12/4㊐	10時～15時
12/10㊏	10時～15時
12/18㊐	10時～15時
12/5㊊	15時～18時
12/6㊋	15時～18時
12/7㊌	15時～18時
12/8㊍	15時～18時
12/9㊎	15時～18時

文化祭

10/1㊏　10/2㊐
10時～15時30分

日程は変更・中止になる場合がございますのでHPで最新の情報をご確認ください。

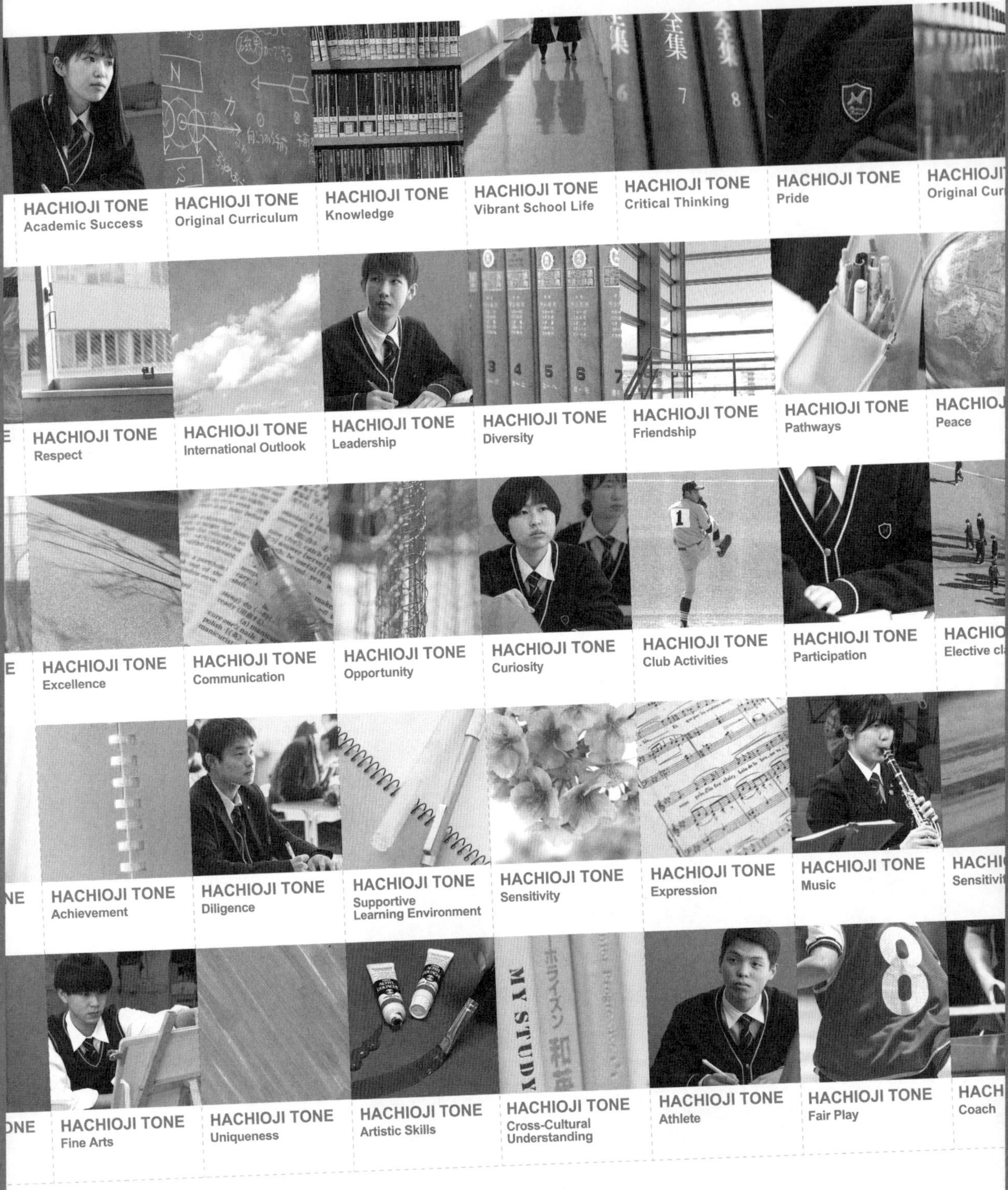

城北高等学校

東京　男子校

問題

次の日本語の意味に合うように，かっこ内に適語を入れなさい。

（1）これは母が作った朝ごはんです。

This is the breakfast (　　　) (　　　) my mother.

（2）ヒトシは夏休みにロシア人の学生と友達になった。

Hitoshi (　　　) (　　　) (　　　) a student from Russia during summer vacation.

（3）子供たちにとって8時間以上寝ることは大切です。

(　　　) is important (　　　) children (　　　) (　　　) for more than eight hours.

（4）コジロウはクラスの中で最も速く走る子のうちの一人です。

Kojiro is one (　　　) (　　　) (　　　) (　　　) in his class.

解答　(1) made (cooked) by　(2) made (became) friends with　(3) It, for, to, sleep　(4) of the fastest runners　(解答は弊社にて作成)

●東京都板橋区東新町2-28-1
●03-3956-3157
●東武東上線「上板橋駅」徒歩10分、地下鉄有楽町線・副都心線「小竹向原駅」徒歩20分
●https://www.johoku.ac.jp/

【施設見学ツアー】要予約
7月28日（木）　7月29日（金）
8月2日（火）　8月16日（火）
8月23日（火）　8月25日（木）
9月10日（土）　10月29日（土）

【学校説明会】要予約
8月27日（土）　10月8日（土）

共立女子第二高等学校

東京　女子校

問題

図のように，放物線$y=ax^2$のグラフ上に2点A，Bがあり，放物線$y=-ax^2$のグラフ上に2点C，Dがある。点Aと点Cのx座標は等しく，点Aのx座標は-4，点Bのx座標は2である。

また，直線ABと直線CDは平行で，その傾きは$-\frac{1}{2}$である。このとき，次の各問いに答えなさい。

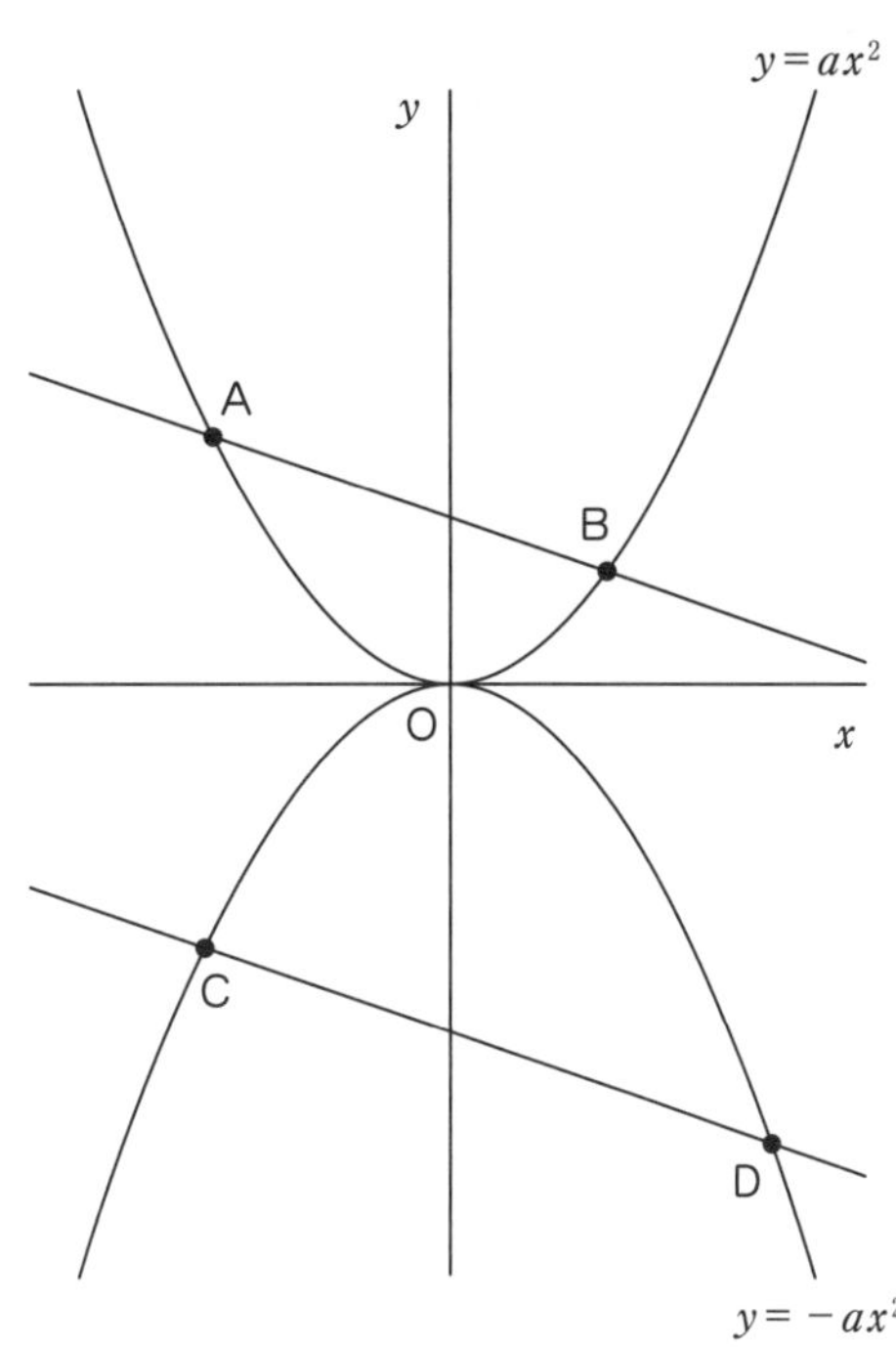

①点Aのy座標をaで表しなさい。

②aの値を求めなさい。

③点Dのx座標を求めなさい。

解答　①$16a$　②$a=\frac{1}{4}$　③6

●東京都八王子市元八王子町1-710
●JR中央線・横浜線・八高線「八王子駅」、JR中央線・京王線「高尾駅」ほかスクールバス
●042-661-9952
●https://www.kyoritsu-wu.ac.jp/nichukou/

【キャンパス見学会】要予約
7月27日（水）　7月29日（金）
8月23日（火）　8月25日（木）

【学校説明会・個別相談】要予約
7月30日（土）　10月8日（土）
10月29日（土）　11月19日（土）
11月25日（金）　11月26日（土）

魅力に迫る

東洋大学京北高等学校（とうようだいがくけいほく）

■ 東京都　文京区　共学校 ■

様々な力を身につけ
主体的な姿勢で大学受験に臨む

東洋大学京北高等学校は、近年大学合格実績を伸ばしている学校の1つです。その要因はどこにあるのか、2人の先生に伺いました。

授業を真剣に聞く東洋大京北生

2022年春 大学合格実績抜粋　（　）は既卒生

大学名	合格者数	大学名	合格者数
岩手大	1（0）	青山学院大	11（0）
群馬大	3（2）	中央大	16（1）
茨城大	1（0）	法政大	26（3）
埼玉大	2（0）	明治大	29（2）
筑波大	2（0）	立教大	12（0）
防衛大	1（0）	学習院大	11（1）
早稲田大	13（1）	星薬科大	1（0）
慶應義塾大	5（1）	北里大	1（0）
上智大	10（0）	明治薬科大	1（0）
東京理科大	9（2）	その他歯・薬・看護	10（0）

3つの教育の柱で 生徒の希望進路をかなえる

「哲学教育（生き方教育）」「国際教育」「キャリア教育」の3つを教育の柱とする東洋大学京北高等学校（以下、東洋大京北）。同校はその名が表す通り、東洋大学の附属校であり、附属校推薦入学枠も用意されています。その一方で、高1から難関大学の受験を前提とする「難関進学クラス」と、東洋大学への進学を含め、多様な可能性を探る「進学クラス」を設置し、様々な進路選択に対応できる体制を整えています。

進路指導部長である武田浩哉先生は「大学受験においてカギを握るのは高1の1年間です。迷い悩みながらも、どんなことに関心があるのかを見つけることから始まります。そのために、東洋大学の学部学科説明会を開催し、他大学が実施するオープンキャンパスへの参加も促しています。年3回の進路面談で生徒に寄り添いつつも、彼ら自身に目標を見つけてもらうことを意識しています」と熱く語ります。

高2・高3は文系・理系に分かれて希望進路に沿った学びを深めていきます。東洋大学の附属校と聞くと、文系学部への進学に強いイメージがあるかもしれません。しかし、同大学には理工学部もあり、他大学の理系学部への進学も含めしっかりとサポートしています。

昨年度、高3生を受け持った唐沢壮一朗先生は「自ら決めた目標を諦めることなく合格をつかみ取りにいく、そうした主体的な姿勢が重要なのだと実感しました。我々教員の役割は、そんな生徒を全力で応援することです。『進学クラス』の生徒も『難関進学クラス』に負けない頑張りをみせ、高みをめざしていることが、大学合格実績の伸長につながっているのを感じます」と話します。

2022年春の大学合格実績は国公立大学10名、早慶上理37名、G-MARCH105名（その他有名大学多数）。この結果には、先生方の言葉通り、東洋大京北生が持つ主体性が関係していると考えられます。

そして、その主体性は「キャリア教育」と並ぶ「哲学教育（生き方教育）」と「国際教育」によって養われています。高2の「倫理」の授業や全員が取り組む「哲学エッセーコンテスト」、留学生との交流、フィリピンやアメリカを訪れる海外研修など、多彩な学びを通じて幅広い視野を持ち、物事を多角的に深く考えられる力が培われていきます。それらの力を身につけた自信が様々なことに積極的に取り組む姿勢につながっているのでしょう。

「3つの柱を軸としながらも、よりよい教育をめざし、変化を続けている学校です」と先生方が話されるように、これからがますます楽しみな東洋大京北です。

入試イベント

※日程は変更の可能性があります

オープンスクール 要予約
7月23日㊏　8月27日㊏
両日とも13:00～17:00

学校説明会 要予約
7月30日㊏ 13:30～15:00
9月17日㊏ 15:00～16:30
10月22日㊏ 15:00～16:30
11月26日㊏ 15:00～16:30

京北祭
9月23日㊎㊗　9月24日㊏
10:00～15:00

SCHOOL DATA

所在地　東京都文京区白山2-36-5
アクセス　都営三田線「白山駅」徒歩6分、地下鉄南北線「本駒込駅」徒歩10分、地下鉄丸ノ内線「茗荷谷駅」徒歩17分、地下鉄千代田線「千駄木駅」徒歩19分
TEL　03-3816-6211
URL　https://www.toyo.ac.jp/toyodaikeihoku/hs/

地球規模のグローバル人材を育成

光英VERITAS高等学校

2021年4月、光英VERITAS高等学校は、地球（人・社会・自然）を守る自覚と実践力のある次世代リーダーの育成を教育目標に掲げ、新たなスタートを切っています。

【タイアップ記事】

School Data 〈共学校〉	所在地：千葉県松戸市秋山600 アクセス：北総線「秋山駅」「北国分駅」徒歩10分、JR常磐線「松戸駅」・JR総武線「市川駅」バス20分 TEL：047-392-8111　URL：https://www.veritas.ed.jp/

生徒の新たな可能性を引き出す様々なプログラムを実施

地球規模のグローバル人材を育成するためには欠かすことのできない「英語・グローバル教育」。光英VERITAS高等学校（以下、光英VERITAS）では、実践的な英語能力を養うために、様々なプログラムを実施しています。

「本校の『英語・グローバル教育』は、建学の精神にも通じる小笠原流礼法教育を土台に、日本文化をしっかりと理解することが前提にあります。そして、その教養をグローバルな視点から自分の言葉で発信できるような人材を育成しようと考えています」と語る副校長の大野正文先生。

光英VERITASの「英語・グローバル教育」は、英語4技能「読む・書く・聞く・話す」の「話す」を「コミュニケーション」と「プレゼンテーション」に分け、5領域までしっかり高めていきます。英語の授業を根幹とし、総合的な探究の時間や委員会活動などを通して行う、課題発見・解決型のプログラムになっていることも特徴で、国内および海外において生徒の成長段階に合わせて実施されています。

まず国内で実施されるプログラムは、新1年生を対象にした「入学前英語研修」から始まります。ネイティブ教員との交流で英語学習へのモチベーションを高めるのが目的で、入学後は、水曜日と土曜日の朝に行う「英語多読活動」でリーディング力・リスニング力を鍛えていきます。さらにネイティブ教員による「英語CP（コミュニケーション&プレゼンテーション）」では英語劇を行い、プレゼンテーション力を磨きます。そして夏休みには「フィリピンメソッド」という5日間英語漬けのプログラムを実施し、海外留学に対応できる英語力を身につけていきます。

連携プログラムの例

- 早稲田大学 ICC（異文化交流センター）との連携
- オンライン交流
  - オーストラリア Moruya High School
  - 台湾 新民高級中学
  - 台湾 弘文高級中学
    ※「高級中学」とは日本における高等学校に該当
  - マレーシア・日本フェスティバル参加
- 外務省高校講座
- JICA出前講座

豊富な国内・海外留学が魅力！

「本校では、3年間でしっかりとした英語力を身につけられるようにプログラムを組んでいます」と語る大野副校長。光英VERITASとなって新たに始まった国内留学プログラムも充実しています。早稲田大学のIntercultural Communication Centerと連携したプログラムでは、早稲田大学に在籍する世界各国の留学生と交流することで国際理解を深めていきます。さらに台湾の学校との「ペンパルプログラム」、オーストラリア・モルヤハイスクールとのオンライン文化交流も昨年から始まったもので、礼法室から浴衣を着て日本文化を英語で発信しました。将来的にはモルヤハイスクールとの姉妹校締結を予定しているそうです。

さらに今年度は、6月に実施された「マレーシアー日本フェスティバル2022」に、日本代表としてオンラインで参加しました。書道部・箏曲部の実演や吹奏楽部によるマレーシア国家の演奏・斉唱などすべて生徒たちが企画・準備して行われ、海外からも大きな反響があったそうです。

海外留学プログラムとしては、高1、高2の希望者を対象に1月から2か月間実施されるニュージーランドターム留学や夏休みのイギリス語学研修（約2週間・希望者対象）などがあり、その集大成として、高2の秋に全員参加のイギリス修学旅行（1週間）が実施されます。

総合的な探究の時間で行われるこの修学旅行では、SDGsに関わる課題について事前学習を行い、現地の高校生とその問題についてディスカッションする予定です。

また、光英VERITASはAFS（American Field Service）の協力校として希望者を対象に交換留学制度を実施していて、今年度も1名、イタリアへ留学します。

高校	1年	2年	3年
校内留学	入学前英語研修 夏休み グローバルプログラム	夏休み グローバルプログラム	
国内留学	春休み British Hills	イギリス修学旅行	
海外留学	AFS留学　1年間 NZターム留学　1月～3月　3か月間 イギリス語学研修　7月　2週間		

大学合格実績を伸ばす「ヴェリタスアフタースクール」

光英VERITASには、「ヴェリタスアフタースクール」という自習室が完備されていて、平日は9名、土曜日は5名の学生チューターが常駐し、日頃の学習の進め方から受験対策まで多方面にわたるアドバイスを行っています。平日は夜7時、土曜日は夕方5時まで利用できるため、予備校に通うことなく、今年度も国公立大学をはじめ、早慶上理などの難関私立大学に多数合格者を出しています。現役進学率が96・6%と非常に高いのも魅力の1つです。

「本校では、大学卒業後を見据えて、自分が学びたい大学・学部・学科に進学する第一志望進学を大事にしています。光英VERITASに校名は変わりましたが、根幹にある教育内容に変わりはありませんので、今年度はこれまでの成果がきちんと表れたのだと思います。光英VERITASとなり、新しい刺激を受けたのもいい結果につながった要因かもしれません。本校は、光英VERITASとしてはまだ新しい学校なので、これからは生徒と一緒に学んで、みんなで一緒にいい学校に育てていきたいと思います」（大野副校長）

学校説明会では「英語・グローバル教育」について強く意識して、将来の学校像について明確な説明を行っていると話す大野副校長。そのためか、留学をしたい生徒、海外大学への進学を視野に入れた生徒が多く入学しているのも特徴の光英VERITAS。男女共学の進学校として、今後、ますます注目される1校です。

オープンスクール
7月31日(日) 9:30～11:30
8月11日(木) 9:30～11:30
8月28日(日) 13:30～15:30

入試説明会
10月15日(土) 9:30～11:30
11月12日(土) 9:30～11:30
12月 3日(土) 9:30～11:30

部活動見学会
9月10日(土) 14:00～
10月15日(土) 14:00～
※入試関連イベントはすべて予約制です。

開智高等学校

進学実績を支える開智メソッド【授業、補習、特別講座をリンクした徹底サポート】

毎年、高水準の大学合格実績を重ねている開智高等学校。今回は、その裏づけとなっている「高い教育力」の秘密に迫ります。

高品質な授業と、その効果を最大限に生かす補習と特別講座

《授業》

開智高校では、大学受験指導に精通した教師集団による、質の高い「授業」が毎日行われています。各単元の基礎的な知識や考え方の習得から、それらを自ら使いこなして考えていけるようになるまで、少しずつ、着実に生徒たちのレベルアップを図っています。

基礎となる学習部分では、先生からの講義が中心となる「授業」が行われるとともに、徹底した反復学習が行われます。その段階を終えると「学びあい」の段階に入ります。「学びあい」とは、先生からの話を聞くだけでなく、自ら課題や疑問点を発見し、それらを仲間とともに学ぶことで、より深い理解をめざす学習スタイルです。生徒たちは「学びあい」を通して、自分自身で調べ、思考し、発信するという一連の学習姿勢を獲得していきます。主体的な学び体験を通じて、それまで自分の「外」にあったものを「内」に取り込むことができるようになるのです。

このような主体性を持った生徒と、卓越した指導力を持った教師集団とによって毎日の「授業」が作り出されています。

《補習と特別講座》

授業の学習効果をさらに深めているのが、放課後に実施されている「補習」（1・2年生）と「特別講座」（3年生）です。

1・2年生のときには月曜日と木曜日に2時間ずつ、3年生になると月曜日から土曜日まで毎日3時間ずつの「講座」が用意されています。1・2年生は「補習」という名目で自由参加ですが、すべての生徒が参加しています。3年生は自分が必要とする「講座」を選択して受講します。

1・2年生の「補習」は授業を担当している教師が行っているので、授業と完全にリンクした内容となっており、生徒の理解度に応じて内容を精選できるだけでなく、授業で扱った教材との重複を完全に避けることができます。そのため学習効果が極めて高いので、ほとんどの生徒が「補習」に参加し、レベルアップしています。

◆2022年度　学校説明会日程　※HPにてご予約ください。

日程	1回	2回	3回
7月30日（土）	10:00～	13:00～	16:00～
8月20日（土）	10:00～	13:00～	16:00～
日程	1回	2回	個別相談会　約15分
9月17日（土）	10:00～	13:30～	11:30～17:15
10月15日（土）	10:00～	13:30～	11:30～17:15
10月30日（日）	10:00～	13:30～	9:00～17:30
11月19日（土）	10:00～	13:30～	11:30～17:15
11月26日（土）	－	17:00～	11:30～17:30
12月18日（日）	10:00～	－	9:00～14:00

※個別相談会もＨＰより予約が必要です⇒https://www.kaichigakuen.ed.jp

3学年ともに、受講料は無料ですが、3年生の「特別講座」だけは、多くの入試問題を取り上げるので、教材費として500円（問題集代金など）が必要になります。

《特別講習》

「特別講習」として夏期講習、冬期講習、直前講習および春期講習が準備されています。例えば夏期講習については、1ターム5日間で、夏休み期間中に第1期から第6期までの全6タームが設定されています。

1・2年生対象には第1期、第6期の10日間の講習が、3年生対象には全期間30日間の講習が行われます。一日あたり1・2年生には3～4時間、3年生には6～8時間の講習が組まれています。また第1期講習の後に自由参加ですが、3泊4日の独習合宿も実施されています。

直前講習は3年生だけに行われる「特別講習」で、大学入学共通テスト対策講座、国立2次試験対策講座、私大対策講座など、入試パターンに合わせた講座が実施されます。

夏期講習、冬期講習、春期講習は1時間あたり360円で受講できるようになっています。直前講習についてはすべて無料で受講できます。

「わかったつもり」を徹底的に排除する

《独習》

開智高校の教師はいろいろな意味で「授業がうまい」ため、かなりの難問であっても授業中には理解することができます。しかし大切なのはここから先です。自分「独りで」その問題を解き直したときにきちんと再現することができるか、この「再現性」こそが実力として身についた部分だからです。そのためにまず「独りで」自分自身と向きあう作業が必要になります。これを開智では「独習」と呼んでいます。

そのための時間と場所を開智高校ではふんだんに準備しています。早朝、昼休み、放課後はもちろん、休日も落ち着いた環境（個人ブース形式）で「独習」できる「独習室」が約250席準備されています。平日は、1・2年生は夜7時まで、3年生は夜9時まで利用することができ、休日は朝9時から午後5時まで利用することができます（平日夜7時以降はバスで駅まで送ります）。

また校舎内には「独習室」とは別に仲間と一緒に勉強したり、先生に質問したりするための場所として「学びあいスペース」が何ヵ所も設けられています。それらのスペースには丸テーブルがたくさん置かれていて、合計で約300席になります。静かに自分と向きあう「独習」と、仲間とともに高めあう「学びあい」とを目的に応じて使い分けられるようになっています。

勉強のこと、進路のこと、部活動のこと…何でも気軽に相談できる先生

《サポート》

授業と独習の両輪で進めていく開智での学習ですが、それをより効果的にするのが「サポート」です。開智の職員室は、そのものが生徒の通行場所になっています。その通行場所の一部が広くなっていて、そこに職員室があるといった状態です。また職員室内にも生徒たちの「学びあいスペース」が40席以上設けられています。このスペースにより、勉強についての質問だけでなく、様々な相談を先生にしやすい環境が開智にはあります。このハードルの低さが、生徒に対する「サポート」の高さになっています。「わからないことは明日に持ち越さないこと」「ひとりで悩みを抱え込まないこと」開智高校の教師は全力で生徒のみなさんを「サポート」していきます。

KAICHI
開智高等学校
高等部（共学）
〒339-0004 埼玉県さいたま市岩槻区徳力186
TEL 048-793-1370（高等部職員室）
https://www.kaichigakuen.ed.jp/
東武アーバンパークライン（東武野田線）
東岩槻駅（大宮より15分／春日部より6分）北口 徒歩15分

《3年間のコース編成》

1年次	Tコース（クラス）	入試の結果、クラス編成テストの結果でクラスが決まります。ベースカリキュラムは全コース（クラス）共通です。
	S1コース（クラス）	
	S2コース（クラス）	

2年次	理系	Tクラス・Sクラス	1年次のコース・クラスにかかわらず、系の希望および1年次の学習成績等により再編成します。
	文系	Tクラス・Sクラス	

3年次		Ⅰ類	Ⅱ類	２年次のクラスにかかわらず、類の希望および２年次の学習成績により再編成します。系の変更はできません。
	理系	Tクラス	Sクラス	
	文系	Tクラス	Sクラス	

【タイアップ記事】

神奈川県 ● 共学校

桐蔭学園高等学校

とういんがくえん

1964年に、「公教育ではできない私立ならではの教育」をスローガンとして設立された桐蔭学園高等学校。現在は幼稚園・小学校・中等教育学校・高等学校・大学を持つ総合学園となっています。高等学校では、2018年にコースの改編と男子部・女子部の統合を行い、「新しい進学校」として進化を続けています。今回は、岡田直哉校長先生と入試対策・広報部の向山真美先生にお話を伺いました。

「自ら考え、判断し、行動できる人」を育てる

技術の革新やグローバル化により日々変化する社会の中で、現代の教育現場では、主体的に生き抜くための資質・能力の育成が重要です。

そのため、本校は教育の3つの柱として「アクティブラーニング型授業」「探究（未来への扉）」「キャリア教育」を設け、実践しています。

生徒には、大学の入学試験に向けた勉強はもちろんのこと、その先の社会でいかに活躍、貢献できるかを見据えて学ぶ姿勢を求めています。

今春は、コース改編後2年目の卒業生を送り出しました。志望する進路に対応する3つのコースで学んだ生徒たちが、高校生活の中で目標を見つけ、その実現に向けて希望の大学へと進学していきました。

自分の手でキャリアを築く3年間

高校生活の3年間では、自分自身の将来像を考え、「今の自分」を「未来のあるべき自分」へとつなげていくことが重要だと捉えています。

未来について考えるための取り組みの1つとして、毎日1人ずつ1分間スピーチを行っています。自分の考えを言葉で発信し、クラスメイトからコメントシートをもらうことによって、自分でも気づかなかった新しい可能性を発見する機会となっています。

また、高校1年生は「ジョブシャドウイング」を実施しています。このプログラムは、いわゆる職業体験ではなく、働いている方に影のように密着して一日を過ごすことで、「社会人としての意識」を学ぶ狙いがあります。

高校2年生では「研究室シャドウイング」のプログラムを実施し、大学の研究室を訪問することで、「大学での学び」を実際に体験する取り組みも行っています。

さらに、高校3年生進級前の三者面談は、生徒が保護者と担任に、自

高1スピーチコンテスト。昨年度はグローバルラウンジと教室を結んで実施しました。

分の将来像をプレゼンテーションする形式を採っています。目標に向けて、どの大学の何学部に進むべきなのかを自分で判断し、進路・決意を言葉にしてしっかりと発信することを大事にしています。

充実したアフタースクールプログラム

放課後の時間を使って、部活動はもちろん、高大連携企画や特別講習（教科の発展レベル問題演習）、学園祭などに向けた委員会活動も行われています。

中でも、英語力を伸ばしたい帰国生には、グローバルラウンジをお勧めします。ネイティブ講師が常駐し、いつでも気軽に英語を使ったコミュニケーションを楽しめます。

校長
岡田直哉（おかだ なおや）先生

入試対策・広報部
向山 真美（むこうやま まみ）先生

また、ただ利用するだけではなく、運営に携わることができるのも魅力の1つです。季節ごとに行われるイベントを企画・運営していくことで、英語力に加え、コミュニケーション力や協働力も身につけることができます。

そして、何よりも放課後の時間を友人たちと和気あいあいと過ごすことで、高校生活がより一層充実したものになります。

多様な経験を共有し合える自由な環境

帰国生入試では中学校までの学習が身についているかを重視しています。学科試験と出願書類を総合的に判断しますので、バランスよく学習しておくと良いでしょう。

一方で、海外子女入試は書類審査による選抜を行いますので、中学校の成績が大きく影響します。日本人学校、インターナショナルスクール、現地校による区別はありません。

それぞれがお通いの学校の中で、頑張った結果を評価したいと考えています。

本校には、多種多様なバックグラウンドを持つ帰国生が在籍しており、多様性を受け入れる風土があります。できる限り個々のニーズに寄り添った対応を行いますので、不安なことがあればご相談ください。

まだまだ新型コロナウイルスの影響が続く中、来年受験を迎える今の中学3年生はコロナ時代に中学校の3年間を過ごした世代になります。多くの制約の中で困難を乗り越えた世代だからこそ、その経験から得た学びを社会に発信できる人物となってほしいと思います。

ぜひ、本校で3年間共に学び、大学そして社会へと今の自分の経験をつなげていきましょう。

スクールインフォメーション

所在地：神奈川県横浜市青葉区鉄町1614
アクセス：東急田園都市線「あざみ野駅」バス10分・徒歩10分／東急田園都市線「青葉台駅」バス15分／東急田園都市線「市が尾駅」バス10分／小田急小田原線「柿生駅」バス15分
TEL：045-971-1411
URL：http://toin.ac.jp/high/

2022年3月　おもな合格実績

東京大学…3名／一橋大学…3名／東京工業大学…5名／筑波大学…6名／横浜国立大学…20名／早稲田大学…70名／慶應義塾大学…63名／上智大学…29名／東京理科大学…66名／医学部医学科(国公立)…10名／医学部医学科(私立)…59名

早稲田アカデミー国際部から

夏の間にやっておきたい面接準備

受験生にとって大切な夏がやってきました。この時期、帰国生が取り組んでおきたいことの1つは、面接試験の準備です。帰国生入試では面接の内容が合否を分けることもあります。実際の受け答えの練習は秋以降に実施しますが、その段階になって話す内容を考えるのは大変です。

まずは、海外で何を経験し、どのような気づきや成長を得て、それを高校生活にどう活かしていきたいのか書き出してみましょう。いわゆる「鉄板エピソード」をいくつか用意しておくと話しやすくなりますよ。

帰国生入試出願ガイダンス

一般入試に先駆けて始まる帰国生入試。早稲田アカデミーの国際部スタッフが、受験校の確定・併願の戦略・出願についてアドバイスいたします。今年は9/19（月祝）に対面およびオンラインで実施します。8/1（月）よりWebサイトで申込受付開始。

中学生の未来のために！

大学入試ここがポイント

いま高校受験を控えて頑張っているみなさんは、このページのタイトルを見て、「えーっ、大学入試？　遠い話だよ」と思ったかもしれません。しかしいま、高校進学を前にして高校を選ぶ作業では「大学進学までを見通して選ぶ」ことが大切なポイントになっています。やがてやってくる大学選択時に後悔のないよう、いまから大学入試にも目を向けることをおすすめします。

首都圏 私立大学の「定員厳格化」を柔軟化し総定員制へ

NEWS

新入生の定員を基準とせず 全学年の定員状況で判断へ

首都圏の難関私立大学受験生を悩ませてきた「入学定員厳格化」が来年度（2023年度）から柔軟化される方針が示された。

政府の地方振興策を受けて、文部科学省は学生の都市部への集中を避けるため、首都圏私立大学の入学定員の基準を厳格化していたが、来年度入試から各年度入学者の定員で判断するのではなく、全学年の総定員制に変更することを決めた。

定員厳格化が進んで、このところ各大学で合格発表後の追加合格者が増え、受験生が入学金を「二重払い」せざるをえないケースが多くなっていたことが、その要因。

文科省は二重払い増加を重くみて、各大学の裁量を広げ、新入生の定員超過だけをみるのではなく、4学年合わせた総定員でオーバーしていないか、で判断することに運用を改める。

つまり2023年度に、決められた割合を越えて入学者を出してしまった場合、その分、翌2024年度の入学者を減らせば可、という運用に変更されることになったのだ。ただこの運用変更でも、2016年度以降続いてきた合格者減少が元に戻るわけではない。

つまり今回の「柔軟化」は受験生にとっては、合格者の絞り込みが緩和されるわけではなく、翌年の受験生にシワ寄せされるにすぎないことになる。

「柔軟化」とはいっても 合格者減少は緩和されず

学生数が8000人以上の大規模大学の場合でみると、ある年度の入学者が定員の1・1倍を超えると文科省からの補助金（私学助成金）が交付されなくなる（2015年度までは1・2倍まで認められていた、63ページ上表参照）。この補助金カットが大学運営に与える影響が大きいため、各私立大学は2016年度以降、合格者を絞り、定員基準の上限を守ってきた。

各大学の合格者絞り込みは厳格に行われ、このため、予想以上に他大学に入学予定者が流れてしまって、定員に満たない場合に追加合格という方法がとられることになった。そして、それが他大学の合格者に玉突きのようにスライドする現象が起き、過剰ともいえる追加合格者が現れるようになったのだ。そのため冒頭で触れたような入学金を「二重払い」する家庭がめだつことにもなった。

首都圏の私立大学の一般入試は2月なかばの合格発表が多い。多くの大学の場合、入学金の払い込み期限は合格後1～2週間で、入学金は（入学しなかった場合も）原則返還されない。

志望順位の高い併願した大学の

定員厳格化による受験生泣かせはそのまま

私学助成金が全額不交付となる定員充足率の基準
（定員の△倍以上を合格させると助成金不交付）

大学の規模（収容定員）		大規模（8000人以上）	中規模（4000〜8000人）	小規模（4000人未満）
2015年度まで		1.20倍以上	1.30倍以上	
改定後	2016年度	1.17倍以上	1.27倍以上	1.30倍以上（据え置き）
	2017年度	1.14倍以上	1.24倍以上	
	2018年度以降	1.10倍以上	1.20倍以上	

合格発表日は元から決まっているので、その日不合格なら、合格している他大学に入学金を支払う。

しかし、追加合格は、ある日突然に連絡が来る。3月下旬にさえずれこむこともあるという。志望順位の高い併願大学から追加合格がくれば、泣くなく入学金の二重払いをせざるをえず、受験生の喜びも半減してしまう。

追加合格は補欠合格とは大きな違いがある。補欠合格の場合、合格発表日に同時に補欠名簿に入っていることが示され、補欠順位まで発表する大学もある。

しかし、大学側も、「定員厳格化」の下では、どれほどの受験生が他大学に流れていくのか判断ができず、追加合格者数を予測することは困難だという。

河合塾の調べでは、この春の首都圏、近畿の有名私立14大学が出した追加合格は1万7000人を超えたという。また、定員厳格化以降、浪人生も大幅に増えている。

施策そのものに無理がある受験生の側に立つ視点を

文科省は「大学受験は若者の人生を左右する。追加合格が増えすぎるのは好ましくない」としているが、地方振興のためと称して、大都市圏の大学に地方からの学生を集中させない、という施策は短絡的だとの指摘もある。地方にも特色を打ち出し、人気を集める大学はある。地方大学のコンセプトにメスを入れぬのは本末転倒だともいえる。まして首都圏在住の受験生にはなんの落ち度もない。

この施策が始まる前の2015年に比べ、早稲田大学4000人近く、明治大学3000人弱、立教大学、青山学院大学各2000人弱など多くの大学で毎年合格者発表数を減らした。累計にすればとんでもない数の受験生が涙をのみ、まさに人生を左右されている。

東大入試突破への現代文の習慣

東大入試を突破するためには特別な学習が必要？　そんなことはありません。身近な言葉を正しく理解し、その言葉をきっかけに考えを深めていくことが大切です。田中先生が、少しオトナの四字熟語・言い回しをわかりやすく解説します。

早稲田アカデミー教務企画顧問
田中としかね

東京大学文学部卒業
東京大学大学院人文科学研究科修士課程修了
専攻：教育社会学
著書に『中学入試 日本の歴史』『東大脳さんすうドリル』など多数。文京区議会議員、第48代文京区議会議長。文教委員長・議会運営委員長・建設委員長を歴任。

田中先生の「今月のひと言」

答案にこだわりを持つことです　簡単に納得しないことも大切です

今月のオトナの四字熟語

自問自答

「自分で自分に問い掛け、自分で答えること」という意味の四字熟語になります。「現代文の習慣」というタイトルを掲げている連載ですので、「習慣化することのメリット」を皆さんにお伝えすることを心掛けているのですが、今回の四字熟語はその効果が絶大であることを強調しておきたいと思います！

さて、「現代文の習慣」の原稿を書いて提出する際には、同じ誌面に載せる「イラスト」についても「こんなイメージでお願いします」という案を伝えるのですが、まだ原稿を書き上げる前に「イラスト案だけ先にご連絡ください」と、編集担当の方に促されます。なぜなら、イラストの原稿は別途イラストレーターの方にお願いすることになるので、文字原稿を紙面化するよりも時間がかかるからなのです。ですから私も苦肉の策で、テーマとしている四字熟語を入力してネットで画像検索をかけてみたりします。今回の「自問自答」も検索してみました。すると『考える人』の画像が次々と画面表示されたのです。なるほどね、と思わず納得してしまいました。

『考える人』というのは、「近代彫刻の父」と称されるフランスの彫刻家オーギュスト・ロダンの代表作といえるブロンズ像です。座ったまま前方に体を傾け、右腕を折り曲げて、拳に歯をあてているという独特のポーズは、どこかで皆さんも目にしたことがあるのではないでしょうか。実物を確認したければ、上野にある国立西洋美術館に足を運んでみてください。美術館の前庭に設置してあるので、「入館料」を払わずとも見学することができますよ。「それってレプリカ（複製品）で、本物じゃないですよね？」と思うかもしれませんね。ブロンズ像は原型をもとに鋳造するという作成過程を経ますので、「正式な許可のもとで鋳造された作品」をオリジナル作品と呼びます。『考える人』には、フランス政府が認めたオリジナル作品が21体存在します。そして上野の『考える人』は、オリジナル作品に間違いありません。ぜひ本物を、じっくりと鑑賞してみてください。また国立西洋美術館本館の建物は20世紀の建築界の巨匠であるル・コルビュジエが設計したもので、2016年には世界文化遺産にも登録されていますからね。

「自問自答」の代表的なポーズとして『考える人』が登場しましたが、「実は、『考える人』は何も考えていない！」という説があります。雑学クイズの問題で取り上げられたりしたこともありますよ。『考える人』は、もともとロダンの『地獄の門』と呼ばれる巨大な彫刻作品の一部分なのです。『地獄の門』という作品の中で「地獄に落ちていく罪人を上から見つめている人」を表現しているのが『考える人』の本来の姿なのです。ですから、何か考え込んであのポーズを取っているというよりも、上から地獄へ落ちていく罪人を見つめているポーズであるということで、「何も考えてはいない」という話になるのですね。ちなみに『地獄の門』も国立西洋美術館にオリジナル作品が展示してあり、自由に見学することができます。作品の上のほうに、しっかりと「考える人」が存在することも確認してみてくださいね。

　さて「自問自答」の意義についてです。「どうすれば国語の成績を上げることができますか？」という生徒からの切実な問い掛けは、国語の先生である私にとって、最も頻度の高い質問だといえます。具体的な対処方法は、生徒それぞれに応じてもちろん違うのですが、根本となる「心構え」については同じ回答をしています。そもそも「満点を狙っていたか？」と。多くの生徒が、これまでの経験や周りを見ての判断なのでしょうが、「国語は百点満点の取れない科目」だと決めつけていることが多すぎます。それではダメなのです！「国語は満点でなくてはならない」と考えを改めてください。答案という「自分の考え」を提出しておきながら、テストが返却された際に「今回は80点か。平均点は超えているし、まぁいいかな」「えっ、70点しか取れてなかった。次は頑張ろう」といった「ヌルい」反応になってしまうからダメだというのです。「何点取れたか」ではありません。「間違い」があったことに対して「おかしい！なぜだ！」という反応でなければならないのです。全部正解で満点のはずだ！という答案への自負、こだわりがないようでは、国語は戦えないと心得てください。正解かどうかがはっきりとしている数学とは違って、「なぜ減点されたのか？」「どうしてバツなのか？」という、自ら問い掛ける姿勢が国語には必須となります。自分の答案にこだわりがないと、模範解答をながめて「そんなものか」と受け入れて、それでおしまいになってしまいます。なぜこれが正解なのか？自分の答案と何が違うというのか！「拳を歯にあて

て」「地獄を見つめるように」食らいついてください。簡単に納得してはいけませんよ。そのための最良の方策が「自問自答」の習慣付けなのです。腑に落ちるまで徹底的に考え抜くというスタイルを、ぜひ身につけてくださいね。

今月のオトナの言い回し

身につまされる

「他人の不幸や失敗などの悪い話が、まるで自分の身にも起こっているかのように切実に共感してつらくなる」という意味の言い回しですね。「つまされる」という言葉の意味がわかりにくいかと思います。漢字に置き換えて理解しようとしても、思い浮かびませんよね。「抓(つま)される」になります。余計にわからなくなりましたか？　手へんに爪で成り立っていますから、「爪や指先」で行う何かだと想像して下さいね。答えは「抓(つま)む」「抓(つね)る」という行為です。「抓(つま)される」で「自分の体をつねられているかのように」という意味になるのですね。

「身につまされる」についても「自問自答」と同様に、画像検索をかけてみました。すると多くの画像に「つらそうに話をしている人物」と「親身になって話を聞いている人物」というセットが出てきましたよ。いかにもという雰囲気ですが、少し注意が必要になると思います。この「話し合っている人物」の関係について、皆さんはどう思いますか？　親しい友人をイメージするのではないでしょうか。ところが「身につまされる」の意味は、「他人の不幸な境遇にシンパシーを感じる」になります。そしてここでいう「他人」とは、特に自分と関わりがない人、という意味です。肉親ではなくても情緒的なつながりのある友人には、当てはまりません。友情という深い関係で結ばれた相手に対しては、むしろ共感したり感情移入したりする方が自然だといえますので、その場合には「身につまされる」は使えないのです。ですからイラストは次のように理解してくださいね、これは友人の身の上話を聞いているのではない、と。友人から聞かされた見ず知らずの他人の話に同情や哀れみを覚えている、という構図になるのです。

さて「現代文」の読解において、大切になるのがこの「身につまされる」という態度なのです。現代文のテーマは多岐にわたり、それこそ「地球の裏側のできごと」について論じられることもあります。その際に、自分には関係のない話として聞き流す（読み飛ばす）のではなく、「他人事ではない」と受けとめる感性が求められるのです。貧困の問題しかり、環境の問題しかりです。自分たちの普段の暮らしと、どこかで関わっているかもしれないという視点が必要になります。その前提として「身につまされる」という共感が求められるのですよ。

早稲田アカデミー大学受験部の授業には、「生徒自身」「講師」「仲間」が集う三位一体の学習空間があります。
また、目指すゴールが違えば、そこに至るまでの道も違います。
志望校や習熟度に合わせた細かなクラス編成で密度の高い指導を行うとともに、
授業を担当する講師が学習の進捗や定着度を把握し、目標達成まで「やり切る」ためのサポートをさせていただきます。

学びのシステム

講師による学習管理

早稲田アカデミーの授業では、新しい単元は講師が丁寧な「導入」を行います。大量の予習が課されることはありません。生徒が理解したことを確認して「問題演習」に入り、演習の後はしっかり解説。その日の学習内容を振り返ります。

また、毎回の授業で「確認テスト」を実施し、前回授業の定着度を測ります。理解を確かめながら"スモールステップ"で学習を進めるので、着実に力を伸ばすことができます。弱点が見つかった場合は、必要に応じて講師が個別に学習指導。「わからない」を後に残しません。

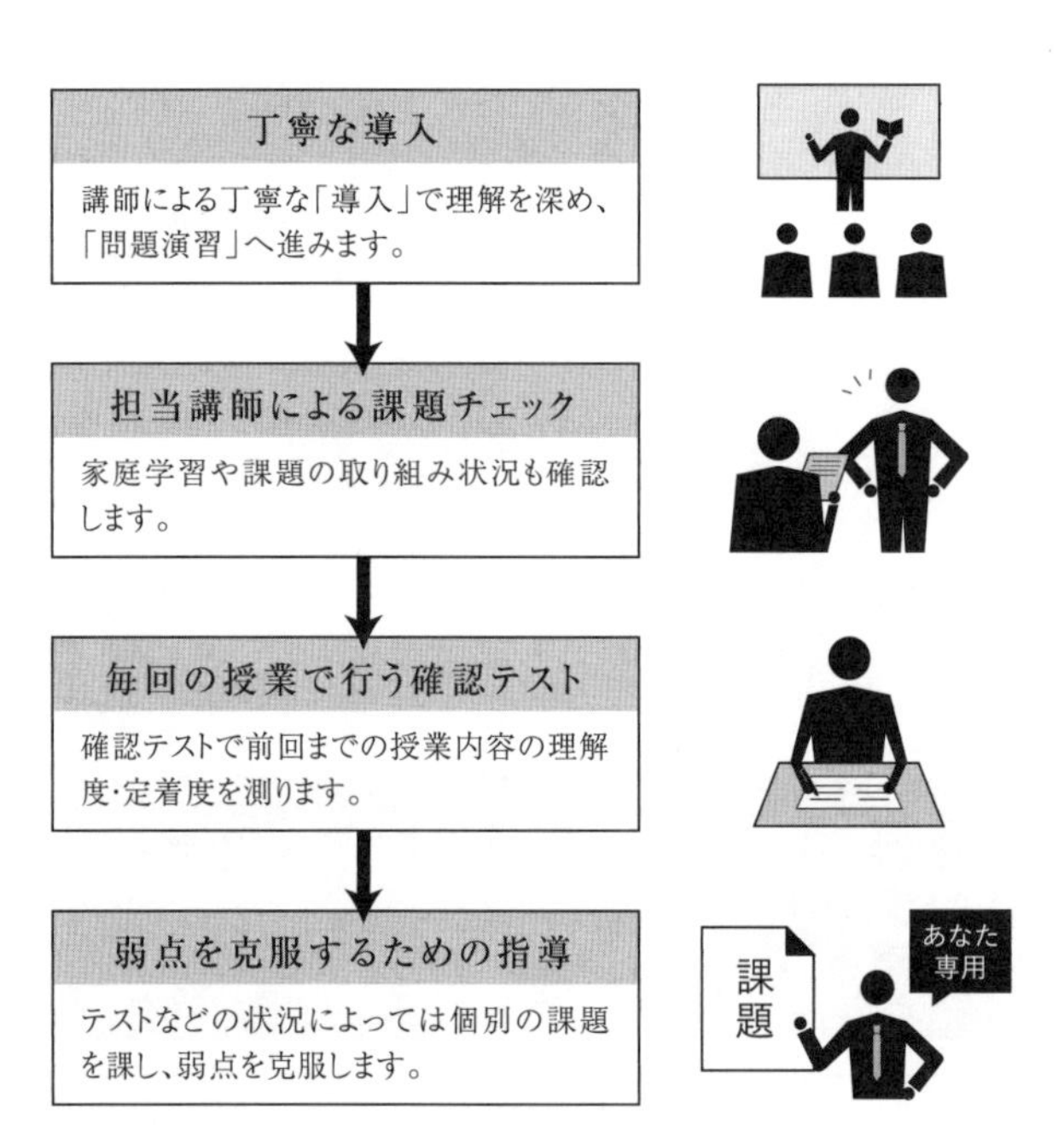

丁寧な導入
講師による丁寧な「導入」で理解を深め、「問題演習」へ進みます。
担当講師による課題チェック
家庭学習や課題の取り組み状況も確認します。
毎回の授業で行う確認テスト
確認テストで前回までの授業内容の理解度・定着度を測ります。
弱点を克服するための指導
テストなどの状況によっては個別の課題を課し、弱点を克服します。
課題
あなた専用

2022年 早稲田アカデミー 大学入試現役合格実績

東京大学83名合格

うち［理科三類 2名合格　推薦 3名合格］

東大進学率※
63.2%

※志望校別対策講座「東大必勝コース」に12月に在籍した生徒の進学率です。

医学部医学科 87名合格

国公立医学部16名合格　私立医学部64名合格　防衛医大医学科7名合格

早慶上智大 520名合格

早稲田大学220名合格　慶應義塾大学152名合格　上智大学148名合格

2022年 合格実績・合格体験記・合格者インタビューはこちら

早稲田アカデミー大学受験部の詳細については…

お電話で　カスタマーセンター TEL 0120-97-3737

スマホ・パソコンで　早稲田アカデミー　検索

早稲アカ
大学受験部
Webサイト

東大生リトのとりとめのない話

可能性は無限大 プログラミングで広がる未来

不便さを解消し より快適な学生生活を

突然ですが、みなさん「ＡＩ」（人工知能）や「プログラミング」にどんなイメージを抱いていますか？「難しそう」「なにか壮大なもの」と思う方もいるかもしれませんが、じつは知らないうちに色々なところで触れているはずです。

例をあげてみると、スマートフォンでは写真撮影時に人の顔を感知して焦点をあてたり、顔認証でロックを解除したりしますね。また、コロナ禍でお店の入り口に設置されるようになった、顔を近づけると体温を計測する機械。これらは「ＡＩ」の働きによるものです。そして、そうした様々なものは「プログラミング」によって作られます。

つまり簡単にいえば「ＡＩ」は「プログラミング」の一部分だといえるのです。少しは身近に感じてもらえたでしょうか？

さて、以前の号でお伝えした通り、私は元々は文系（文科Ⅲ類）で、心理学について勉強したいと思っていたんです。しかし、東大のサークルでプログラミングのおもしろさを知り、進学選択制度を活かして工学部に進学しました。

なかでも深層学習などによって脳に近いモデルを作るＡＩに興味を持ち、いまはシステム創成学科でプログラミングについて色々なことを学んでいます。プログラミングを活用すれば、不便だなと思う部分を自動化して、より快適に過ごすための工夫がいくらでもできます。私はそこがプログラミングのおもしろさだと思っています。

例えば、コロナ禍によって導入されたＺｏｏｍなどによるオンライン授業。講義ごとにＺｏｏｍのリンクが異なる

リトのプロフィール

東大文科三類から工学部システム創成学科Cコースに進学（いわゆる理転）をする東大男子。プログラミングに加え、アニメ鑑賞と温泉が趣味。

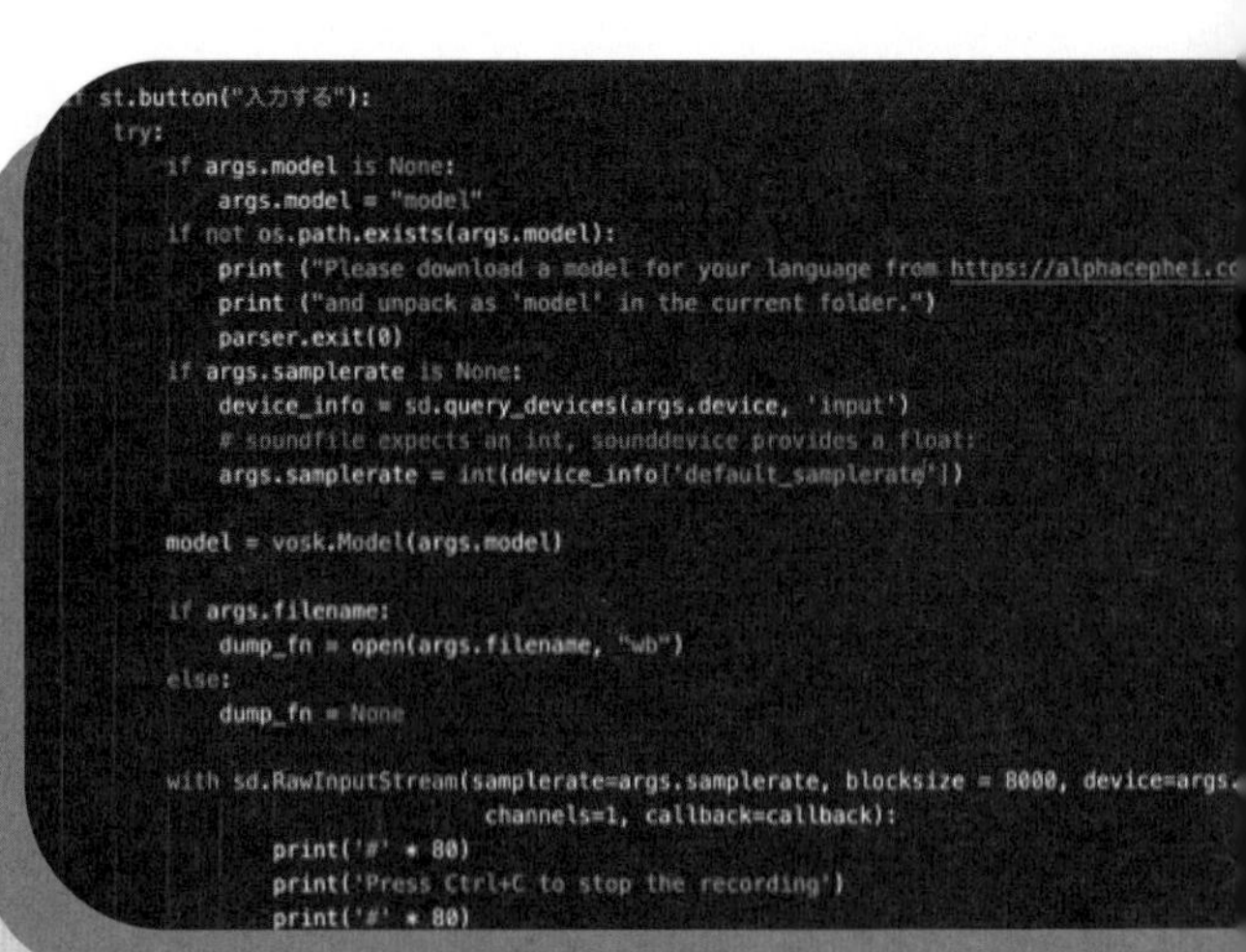

if st.button("入力する"):
try:
if args.model is None:
args.model = "model"
if not os.path.exists(args.model):
print ("Please download a model for your language from https://alphacephei.co
print ("and unpack as 'model' in the current folder.")
parser.exit(0)
if args.samplerate is None:
device_info = sd.query_devices(args.device, 'input')
# soundfile expects an int, sounddevice provides a float:
args.samplerate = int(device_info['default_samplerate'])
model = vosk.Model(args.model)
if args.filename:
dump_fn = open(args.filename, "wb")
else:
dump_fn = None
with sd.RawInputStream(samplerate=args.samplerate, blocksize = 8000, device=args.
channels=1, callback=callback):
print('#' * 80)
print('Press Ctrl+C to stop the recording')
print('#' * 80)

自作アプリのプログラミングコード（一部）。これは音声を認識して文字に起こすアプリのコードだそうです。

ため、それを探して開いて講義を受けて、また探して……という作業を繰り返すことに不便さを感じていました。そこで講義時間に自動でZoomにつないでくれるアプリを作ったんです。これによって講義に遅れる心配もなくなったので、一石二鳥でした。

また、「LINE」を使ったBotも作成してみました。Botというのは自動で返事をしてくれるアプリのようなもの。私が作ったのは、メモと期限をLINEに送っておくと、あとから期限が早い順にメモを並び替えてくれるBotです。

数学の課題が出たら「数学の課題・8月5日期限」と送り、その後、国語の課題が出たら「国語の課題・8月3日期限」、さらに「英語の課題・8月4日期限」と送ります。

このままだと優先順位がわかりづらいですが、Botが期限順に、「国語の課題・8月3日期限」「英語の課題・8月4日期限」「数学の課題・8月5日期限」と並び替えてくれるのです。メニューから「課題を見る」をタップすると、並び替えたものが見られる仕様にしているので、課題の量が多くなると思いついた順に送っても優先順位がわかりやすくて便利です。

難しく考えずにまずは興味を持ってほしい

基本的にAIには、問題とその答えを学ばせていくことが多いです。例えばAIにネコかイヌかを識別させるアプリを作りたいときは、まずネコとイヌの写真をたくさん用意して、これはネコ、これはイヌ、というように答えもセットで教え込みます。

※本当はネコなら0、イヌなら1というように数字で区別させるのですが、専門的な話は難しくなるので、ここでは割愛します

教え込んだあとは実践として、AIに新しいネコとイヌの写真を見せていきます（実際には読み込ませます）。最初はネコを見せたときにイヌと答えることもありますが、その際に本当の答え（ネコならネコ、イヌならイヌ）を教えることで、きちんと区別できるようになっていきます。そしてこのAIを用いてアプリを開発できるというわけです。

今回は、大学入学共通テストで「情報」という科目が追加されることから、みなさんも今後必ず触れることになるプログラミングやAIについて、私の体験談を交えて紹介しました。「興味はあるけどやはり難しそう」というイメージがまだまだあるかと思いますが、そこまで身がまえなくても大丈夫だよと伝えたいです。

確かに最初はうまくできないかもしれません。じつは私も初めてプログラミングに取り組んだときは、初めて因数分解を習ったとき以上に難しいと感じました。しかし、見よう見まねで何度か行ううちに慣れてきて、いまではその楽しさにハマっています。

83ページの「らくらくプログラミング」を読んだり、わかりやすく解説しているYouTubeを見たりして、プログラミングについて知り、実践してみることで、少しでも興味を持ってくれたら嬉しいです。

キャンパスデイズ

十人十色

上智大学

文学部　4年生

馬場(ばば)　和也(かずや)さん

歴史上の出来事への疑問を突き詰め どんな分野でも役立つ能力を磨く

「当たり前」に疑問を提唱し歴史を探り直す

Q 上智大学文学部史学科を選んだ理由を教えてください。

大学や学部を選ぶにあたって、自分が勉強をしていて楽しい分野がいいなと考えていました。そこで、興味のあった歴史の勉強をしたいと思い、歴史学科がある上智大学の文学部を選びました。

もともと、高校生のときに日本史の神話を読んでから歴史に興味を持つようになったんです。そのなかでとくに古代史が気になって、古代史を担当している先生を調べているうちに、現在、私のゼミを担当している北條勝貴教授を知りました。北條教授は古代史だけでなく、人々の暮らしや文化の発展について研究する民俗学や社会史に精通していて、そういった分野も学びたいと思ったことが決め手になりました。

Q 史学科ではどんなことを学んでいますか？

中高での歴史の授業や受験勉強は、人物の名前や、何年にどんな出来事があったかなど暗記をすることが多いイメージがありますよね。史学科では、「その出来事が本当にあったのか」といった、当たり前だと思っていたところに疑問を投げかけていきます。

例えば、最近では鎌倉幕府が成立したとされる時期が1192年から1185年に変わりました。なぜこうした変化があったのか問題提起をして、それを探っていくのが歴史学です。資料からその時代のすべての正確な情報を得ることはできませんが、いかに確実性の高い歴史を探っていくか、というのがテーマです。

Q 各学年ではどんなことを学んでいますか？

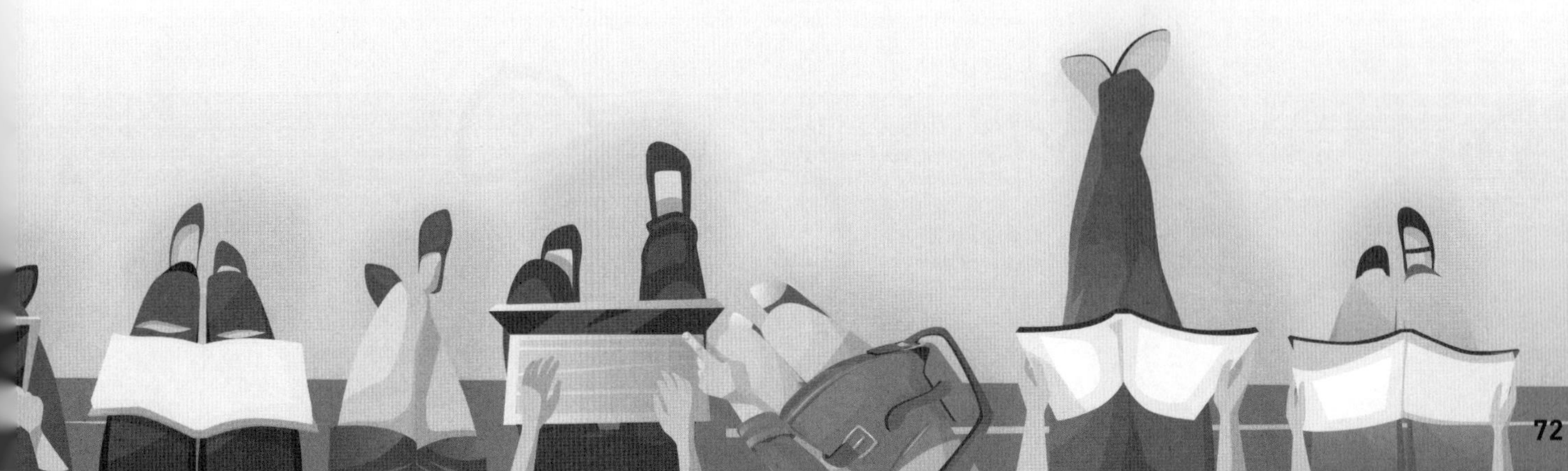

1年生のときには日本史、東洋史、西洋史の3分野の単位取得が必須になっており、バランスよく学ぶことができます。2年生からは歴史学特講という講義が始まり、より細分化されてステップアップした内容を学びます。3年生ではゼミのなかで、4年生になると各自で、卒論執筆に向けた準備を進めていきます。

Q 上智大学の魅力はどんなところでしょうか？

比較的自由に時間割を組めるので、興味のある分野に幅広く挑戦できます。他学科の授業も選択可能で、私は博物館の学芸員をめざせる学芸員課程を履修しています。

そのほか、1年時は英語が必修です。なかでも、アカデミック・コミュニケーションという講義は、自分でエッセイを書いたり、グループワークをしたりと、自ら発信する活動も充実しています。

Q 印象に残っている講義はありますか？

くずし字（※）や特殊な形式で書かれている過去の資料の読み方を学ぶ「古文書学」が印象に残っています。この講義では、手紙の形式によって、どんな立場の人が手紙を書いたのかといった資料の背景を読み取れるようになりました。

博物館で古文書が展示されていたときに、冒頭の文字だけでも読めれば、よりおもしろいですよね。

※おもに江戸時代以前の日本で使われてきた、文字をくずして書く表記

史学科で学んできた強みを様々なジャンルで活かす

Q 同学科の人たちはどんな職業に就くことが多いのでしょうか？

歴史が直接関係する職業はなかなかありません。しかし、史学科で身についた「クリティカルシンキング」（批判的思考）の考え方は、どの職業でも大切だと思います。

新しいことを始めるには、いまある既成概念を変えないといけません。疑問を投げかけて、よりよいものを作り出すことができる人材を、史学科では育てているといえます。

Q 史学科に向いているのはどんな人だと思いますか？

なにごとにも興味・関心を持って、積極的に取り組める人が向いています。正解のない学問ですので、試行錯誤して貪欲に取り組むことが大切です。

Q 読者へメッセージをお願いします。

この勉強が将来なんの役に立つのか、と思うこともあるかもしれませんが、重要なのは知識を得ることだけでなく、そのためになにをしたかです。1つひとつの素朴な疑問を大事にして、好奇心を原動力に勉強につなげることができれば、新しいことを知る喜びを感じられるはずです。

TOPICS

勉強時間の振れ幅を小さく 自分を追い込む環境作りも大事

高校受験時は塾に通っていたので、そこでの課題を中心に取り組んでいました。1日に勉強する時間を決めたら、できるだけその振れ幅を大きくしないよう、コンスタントに勉強することを意識していました。

ここまでやる、と決めたことは、絶対にやり通したい性格なので、塾の先生に宣言をして、勉強しないといけない環境を作っていたことが、いい方向に転がったと思います。

歴史は暗記をすることが多く、単語帳を読んでいるだけではなかなか頭に入ってきません。教科書は物語調になっているので、教科書を読んでストーリーとして覚えた方が、出来事の流れをスムーズに把握することができます。

趣味にしている登山。金峰山（奈良県）の五丈岩の上でジャンプ！

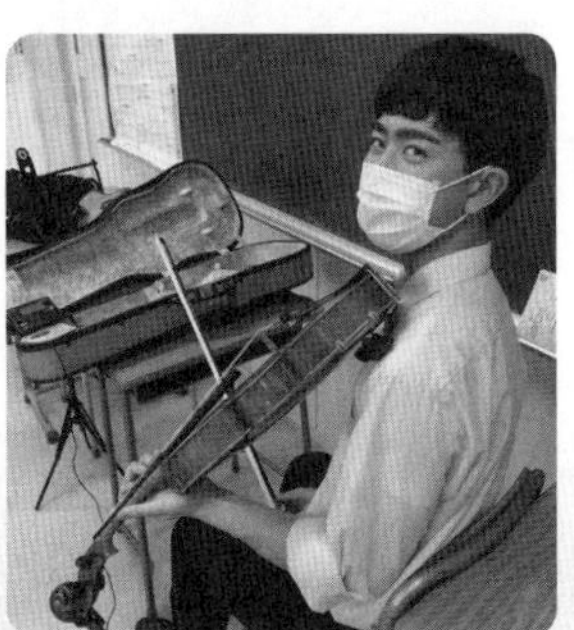

高校時代に入部していたオーケストラ部ではビオラを担当。毎日のように練習に勤しんでいたといいます

大学では放送研究会に所属。番組発表会に向けて動画作りなどをしているそうです

埼玉私学フェア 2022

個別相談で自分の最適受験校を探す

事前予約制（予定）

※日程および内容は変更されることがあります。詳しくは埼玉県私立中学高等学校協会HPでご確認ください。

当協会HP
QRコード

熊谷展 2日間開催

7月30日㊏
31日㊐

会場：キングアンバサダーホテル熊谷　3階
プリンス・プリンセス

川越展 2日間開催

8月20日㊏
21日㊐

会場：ウェスタ川越　1階　多目的ホール

大宮展 2日間開催

8月27日㊏
28日㊐

会場：大宮ソニックシティ　第1～5展示場

埼玉県内私立高校 ※は中学校を併設

（参加校は会場によって異なります。ホームページでご確認ください）

青山学院大学系属	春日部共栄※	淑徳与野※	東野
浦和ルーテル学院※	川越東	城西大学付属川越※	武南※
秋草学園	慶應義塾志木	正智深谷	星野※
浦和明の星女子※	国際学院※	昌平※	細田学園※
浦和学院	埼玉栄※	城北埼玉※	本庄第一※
浦和実業学園※	埼玉平成※	西武学園文理※	本庄東※
浦和麗明	栄北	西武台※	武蔵越生
叡明	栄東※	聖望学園※	武蔵野音楽大学附属
大川学園	狭山ヶ丘※	東京成徳大学深谷※	武蔵野星城
大妻嵐山※	志学会	東京農業大学第三※	山村学園
大宮開成※	自由の森学園※	東邦音楽大学附属東邦第二	山村国際
開智※	秀明※	獨協埼玉※	立教新座※
開智未来※	秀明英光	花咲徳栄	早稲田大学本庄高等学院

埼玉県の私立高校をめざすあなたへ

埼玉の全私立50高校をご紹介したガイドブックをお送りします

埼玉以外の都県から埼玉の私立高校を受験・進学しようとしているあなたに最適な情報です！
埼玉県私立中学高等学校協会が総力をあげて編集した私立高校ご紹介ガイドブックを

先着100名様にお送りします！

埼玉県内の中学３年生全員には、６月中に各中学校から配付されています。

埼玉県外中学生向け

お申し込み順に
お送りいたします

『埼玉の私立高校ガイドブック2023』
〈発行〉一般社団法人 埼玉県私立中学高等学校協会
B5判 128ページ オールカラー

送料
370円分の切手が
必要です

【お申込み方法】 お住まいの郵便番号、ご住所、お名前、電話番号、中学校名、学年を明記して、370円分の切手を同封した封書で下記あてにお送りください（お１人１冊に限ります）。※**先着100名様**まで（なくなり次第終了） 個人情報はガイドブック送付にのみ使用させていただきます。

【あてさき】 〒101-0047 東京都千代田区内神田2-5-2 信交会ビル3F　グローバル教育出版 「埼玉私立高校ガイド係」

【協力】一般社団法人 埼玉県私立中学高等学校協会

ちょっと得する
読むサプリメント

ここからは、勉強に疲れた脳に、ちょっとひと休みしてもらうサプリメントのページです。
ですから、勉強の合間にリラックスして読んでほしい。
このページの内容が頭の片隅に残っていれば、もしかすると時事問題や、
数学・理科の考え方で、ヒントになるかもしれません。

薬が買える自販機 販売実証スタート

JR新宿駅構内に設置された自販機（撮影／本誌）

急な体調不良にもタイムラグなく対応できる

夏本番を迎え、暑い日が続いています。急に体調を崩して薬が必要……そんなときにとても便利な試みが、東京・JR新宿駅で始まっています。

風邪薬や解熱剤など多くの市販薬を販売する大正製薬が、JR新宿駅構内に自動販売機を設置し、医薬品を購入できる販売実証をスタートしました。期間は5月31日～8月31日までの予定で、一般用医薬品が自販機で購入できるようになったのは、国内ではこれが初めてです。

ただし、飲みものやお菓子の自販機のように、ボタンを押せばすぐに商品が手に入る、というわけではありません。今回の販売実証では、自販機はJR新宿駅構内にあるドラッグストアのすぐそばに設置され、そこに勤める薬剤師や登録販売者の許可のもとで購入できるシステムです。利用者は、①タッチパネルでこの実証への参加に同意、②商品、もしくは症状から購入品を選択し、③商品の効能や注意点を確認したのち、④店舗にいる薬剤師または登録販売者が許可すれば、⑤交通系ICカードで購入できます。商品のラインナップは第2類医薬品、第3類医薬品および医薬部外品で、風邪薬の「パブロン」シリーズ、解熱鎮痛薬の「ナロン」シリーズ、鼻炎治療薬の「クラリチン」など約30品目です。

今回の実証の大きな目的は「これまで一般用医薬品を購入することができなかった場所や時間でも購入できる方法を実現すること」とされています。現在、風邪薬などのいわゆる大衆薬は店舗やインターネット通販で手軽に購入することが可能です。しかし、店舗では薬剤師や登録販売者など資格者の人材確保、通販では配送時間によるタイムラグが生じることなどが課題でした。これらを解決するため、この実証で問題点やニーズを明らかにし、将来的にはドラッグストアのない離島などでの活用も見込まれているといいます。

マナビー先生の
最先端科学ナビ

FILE No.024

手術支援ロボ「ヒノトリ」

手術支援ロボットはこれまでアメリカ製一強

いま単純作業や重労働環境で作業者の負担を軽減するために、多くのロボットが活躍しているけれど、医療の分野ではどうだろうか？

医療分野ではアメリカの会社が開発した手術支援ロボット「ダヴィンチ」が、すでに世界で約5400台も使われている。そのうち400台が日本各地の病院、大学でも活躍しているんだ。

手術支援って、なにをするためのロボットなんだろう？　医療の技術はどんどん進歩して、身体に小さな穴を開けて、カメラや手術器具を挿入して行う、細かい内視鏡下での手術が行われるようになってきた。

しかし、細い血管や微細な組織の手術を人が行うには、大変な技術が必要になる。そんな細かい作業を補助しようというのが手術支援ロボットだ。

医師はロボットに装着されているカメラの画像を見ながら、操作ユニットに設置されているコントローラーを操作する。ロボットには数本のアームがついていて、それを操作ユニットで医師が操作する。

医師の手による操作は、患者さんを手術するロボットに情報として送られ、アームに伝えられる。そしてアームに取りつけられた手術器具により細かい手術が進められる。

医師が操作する移動量はロボットでは、細かい手術動作に変換されるんだ。手元のコントローラーを1㎝動かしても、手術のアームは3㎜程度しか動かないということだね。

これって内視鏡の映像を見ながら器具を挿入して手術をしていたころから考えると、画期的なことなんだ。開発者は「直感的に、思うがままに動かせる」と言っている。

アメリカで開発され使われてきた、このロボット「ダヴィンチ」にも問題点がないわけではない。まず価格の問題がある。導入して手術をする場合に装置自体の金額が高いと導入しにくいよね。

もう1つはアメリカで開発されたので、操作ユニットのサイズが欧米人の体格を基準に設定されている点だ。やはり日本人をはじめとした色々な体形の医師が使いやすいことも大事だよね。装置自体の大きさも問題で、装置に合わせて日本の病院の手術室を改造しなければならない場合もあったんだ。

日本で開発された手術支援ロボ「ヒノトリ」

日本でも同様の装置の開発、製造が待たれていた。そこで、日本の川崎重工とシスメックスという会社が共同出資して、医療用ロボットの会社「メディカロイド」を作って開発

マナビー先生

大学を卒業後、海外で研究者として働いていたが、和食が恋しくなり帰国。しかし科学に関する本を読んでいると食事をすることすら忘れてしまうという、自他ともに認める“科学オタク”。

したのがヒノトリ（hinotori）と名づけられた手術支援ロボットだ。漫画家の手塚治虫さんが描いた「火の鳥」にちなんだという。

装置自体の大きさはコンパクトさを追求して設計された。アームの関節数は8個あり、なめらかな動きができる。従来の一般的な産業ロボットは6個だった。

2020年に製造販売の承認を取得してからは、ヒノトリを手術で使用するためのトレーニングを行う施設が各地に作られ、操作できる医師の養成が行われている。

遠く離れた場所からでも手術できる可能性を追求

国内では、すでに実際にヒノトリを使った手術が何例も行われていて、無事に手術は成功している。手術を担当した医師の1人は「個人として400例以上のロボット支援手術を実施してきたが、操作性はアメリカ製と大きな違いはなく、スムーズに手術を行うことができる。ヒノトリは操作画面が大きく視野も広いため、体内も見やすい。国産の器械ということで安心感もあった」と感想を述べている。

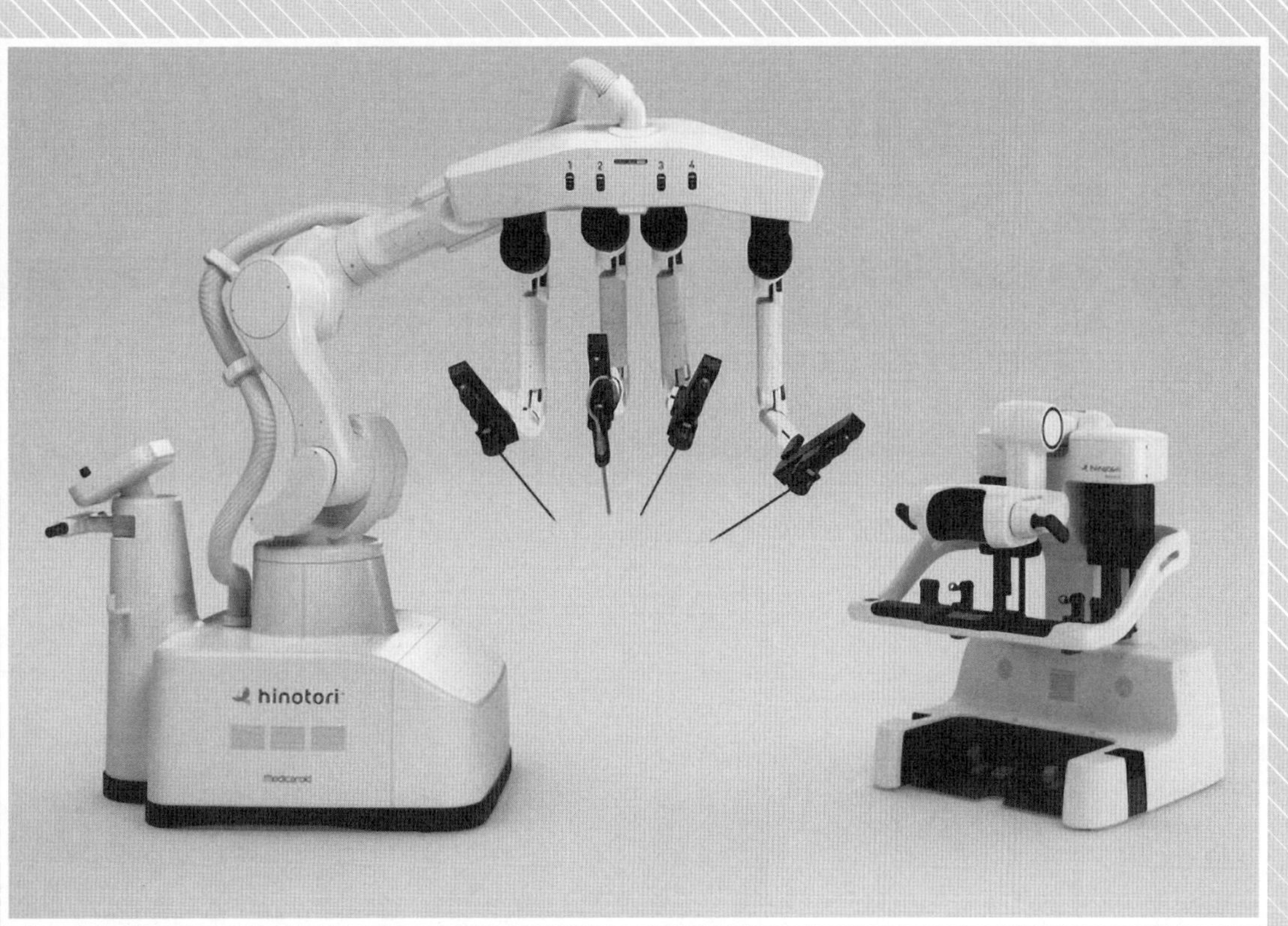

©Tezuka Productions

日本人医師にも使いやすく、小型化も操作性も進化した国産の手術支援ロボット「ヒノトリ」（写真提供／株式会社メディカロイド）

操作する医師と手術をする装置は通信で結ばれている。これは遠隔地からリモートでの手術ができるということだよね。

医師が遠隔地に出かけていって手術したり、患者さんがその医師のいる病院まで出向かなくても、しっかりと訓練を積んだ優秀な医師がリモートで手術ができるようになる可能性があるんだ。

進化している通信環境を利用したリモートでの手術に向けた実証実験も始まっているよ。

そうなれば人口が少ない地方の病院でもしっかりとした手術を行うことができるようになる。

多くの医師たちの経験、使用時の感想をフィードバックして活かし、ヒノトリがどんどんいい装置になっていくことが期待されているんだ。

なぜなに科学実験室

「えっ、なんだか変だぞ？」とか、「えっ嘘、信じられない！」というような現象を目の当たりにすることは、意外に多いものではないでしょうか。

また、日常茶飯の出来事で見慣れているために、見過ごしてしまっている不思議なことも、じつは多くあるものです。

ここは、そんな不思議なことをみなさんに体験してもらうために作られた科学実験室です。

今回のテーマは前号（6月号）に引き続き、「メビウスの輪」の不思議についての続編です。

実験を始める前に、どのような結果になるかを予測しておくことも大切なポイントです。

「メビウスの輪」については、前号で解説した内容を読み返しておいてください。

続「メビウスの輪」の不思議

「メビウスの輪」は細長い短冊を輪にするとき、イラストのようにつなぎ目を180度ひねってつないだものをいいます。メビウスの輪は、片方の面を触りながら1周しても、また初めに触った部分に戻ってきます。つまり、表と裏がないのです。

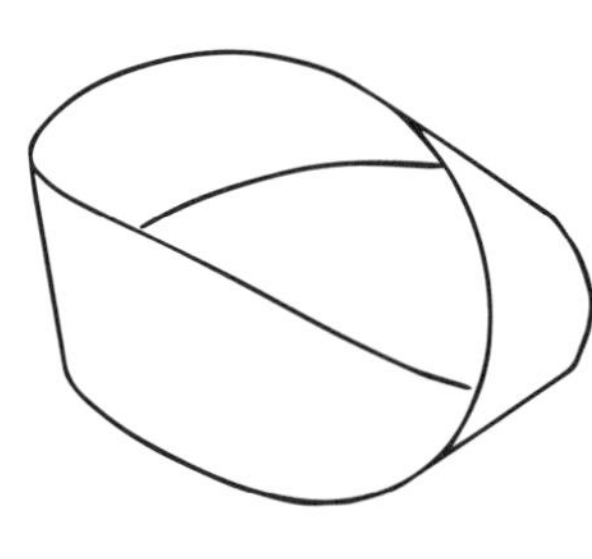

ワンコ先生

1 用意するもの

❶セロハンテープ
❷短冊（Ｂ４またはＡ３のコピー用紙を長辺に沿って、幅３㎝でカットし、細長い短冊を数枚作ります）
❸定規
❹鉛筆
❺ハサミ

〈前号と同じ〉

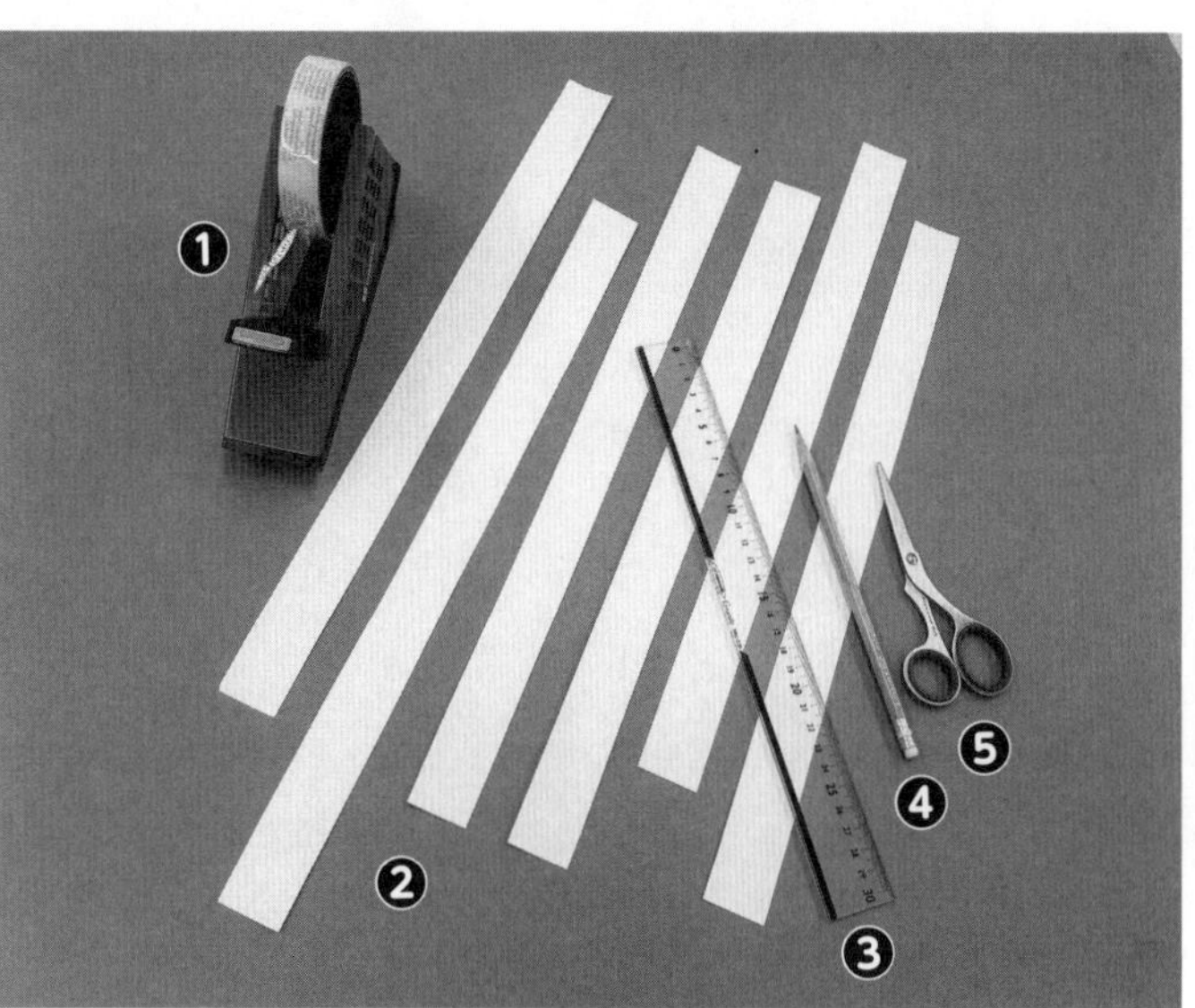

2 短冊2枚を十字にとめる

2枚の短冊を、写真のようにセロハンテープで十字にとめます。

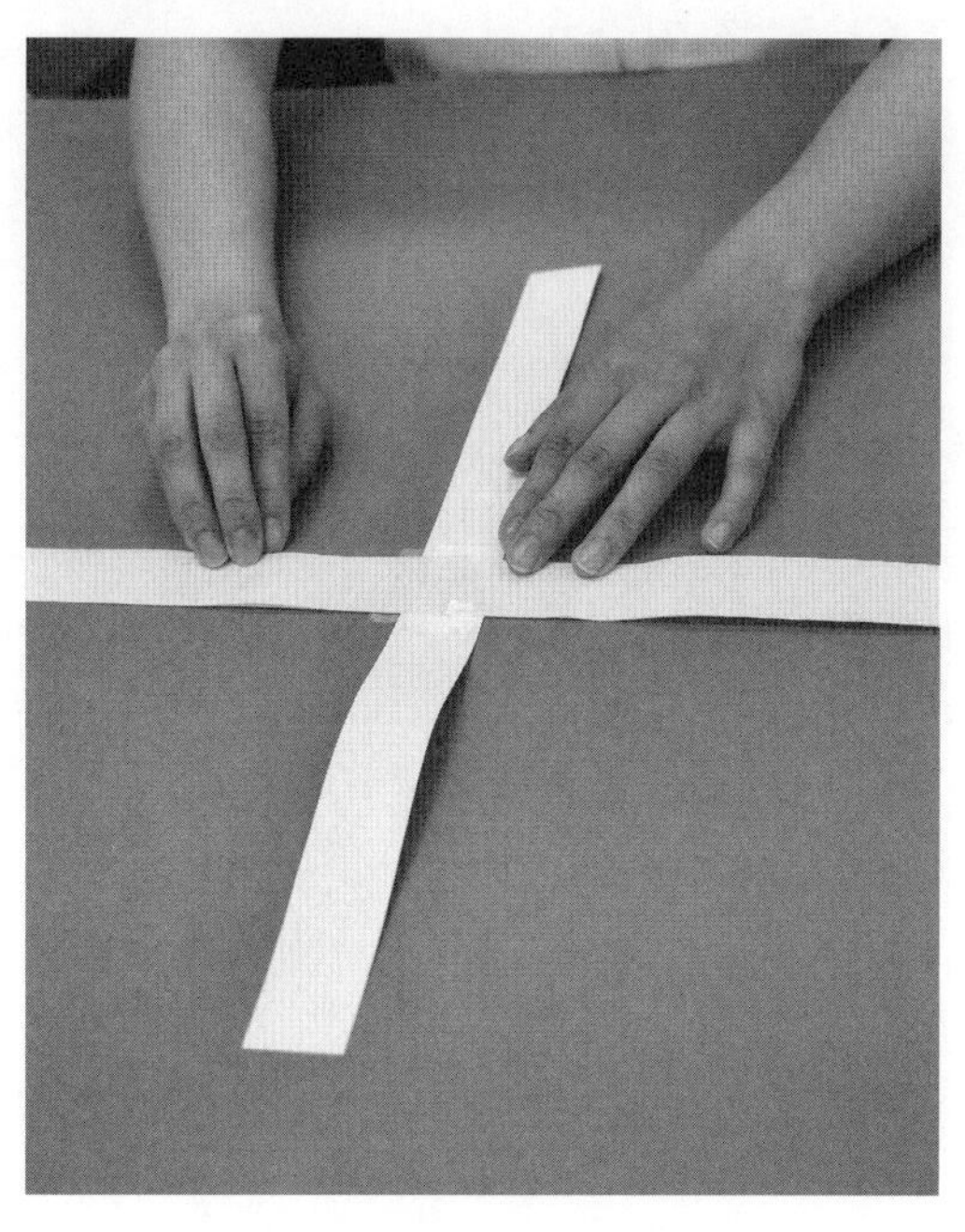

3 中央で接続した短冊を輪にする

十字に接続した短冊を写真のように、それぞれ輪にしましょう。

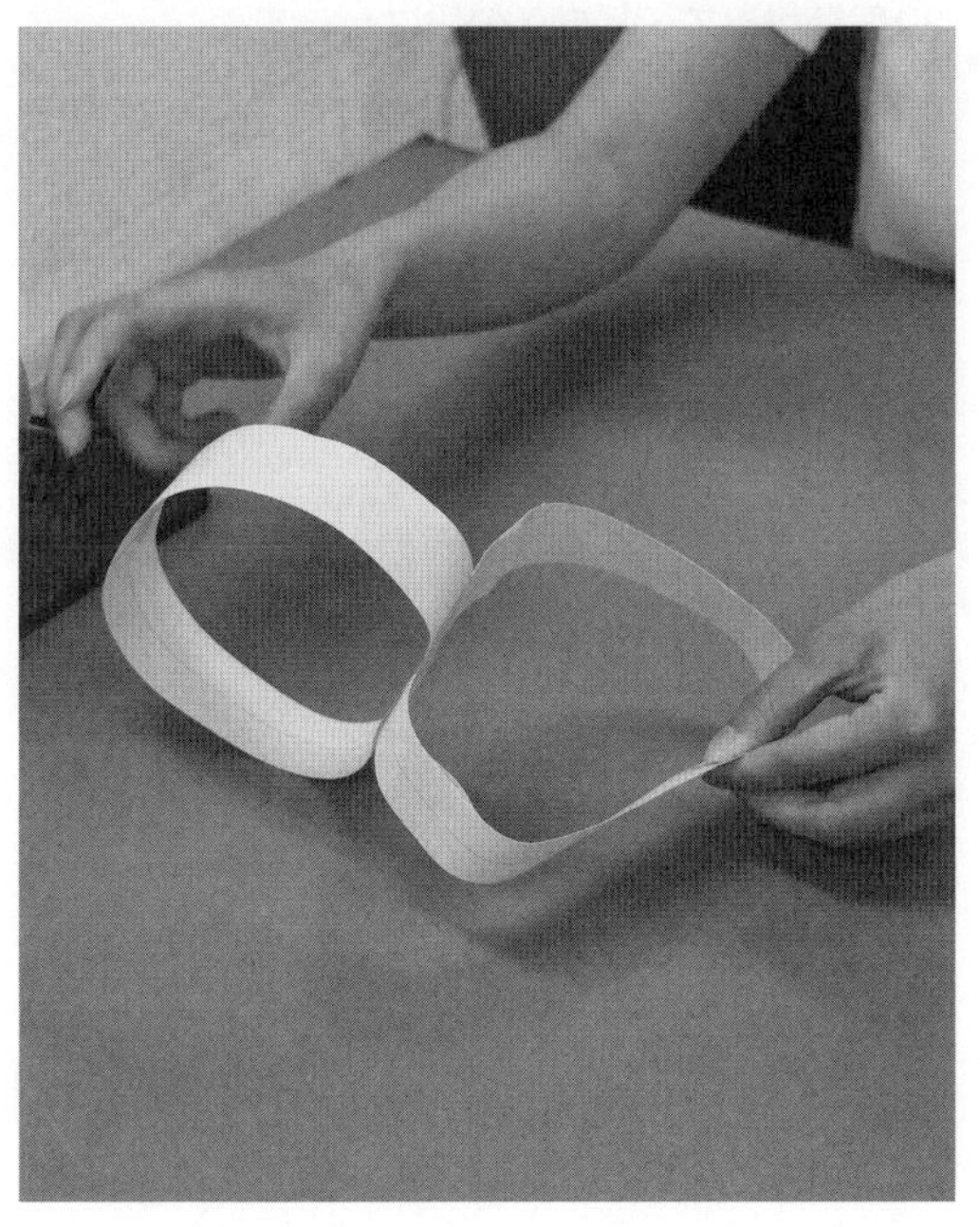

4 両方の短冊をタテに2等分

短冊の中央にハサミを入れ、十字の部分も含め、タテに2等分します。どうなるでしょう？

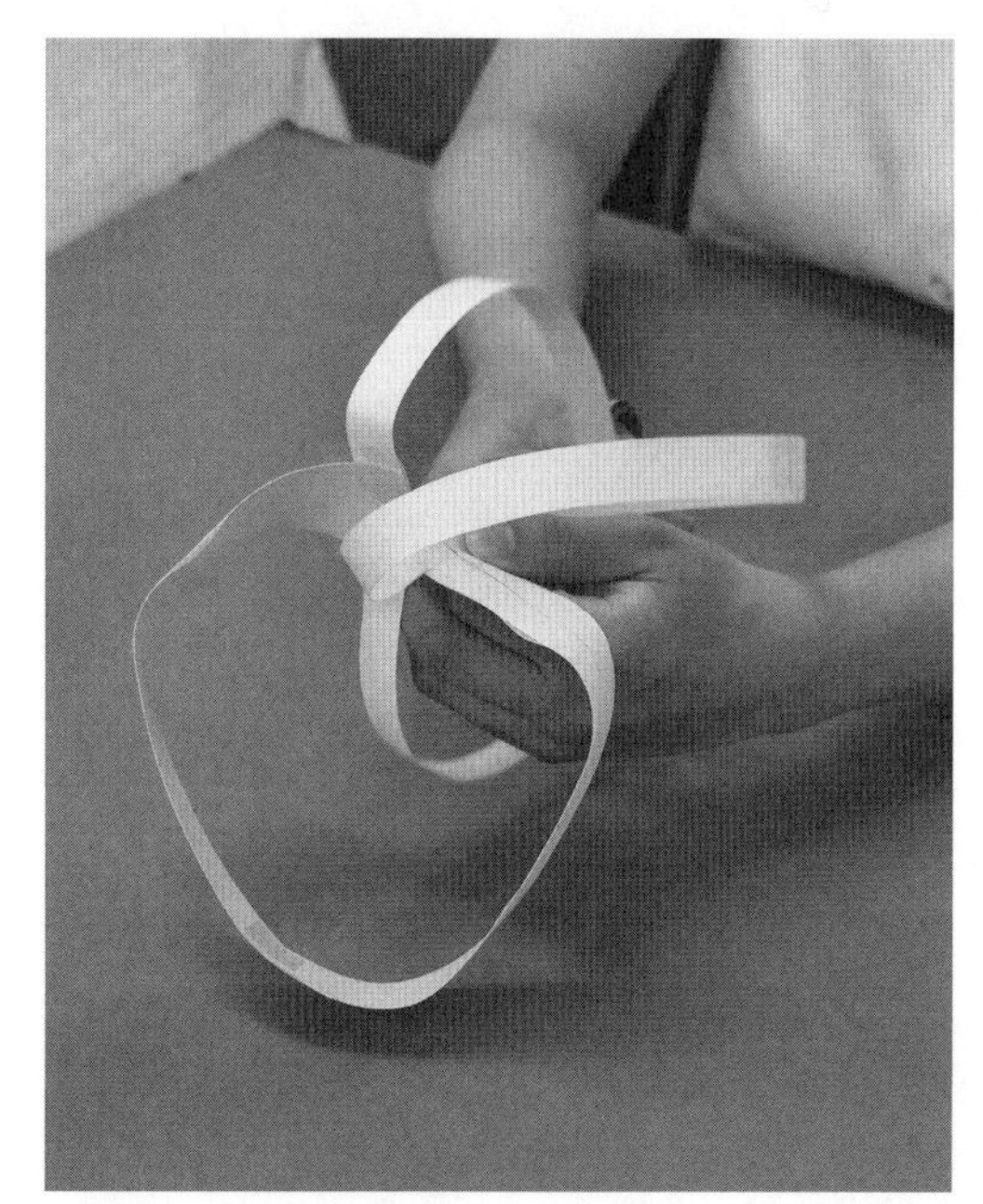

5 2等分した短冊を広げてみると

切り離した短冊を広げると、なんと大きな正方形になりました。予測できましたか。

⑥ 今度は「メビウスの輪」にする

今度は、十字に接続した短冊を１枚は右に180度ひねってメビウスの輪にし、もう１枚は左に180度ひねってメビウスの輪にします。

⑦ 両方の短冊をタテに２等分

それぞれのメビウスの輪の中央にハサミを入れて、十字の部分も含め、タテに２等分します。今度はどうなるでしょう？

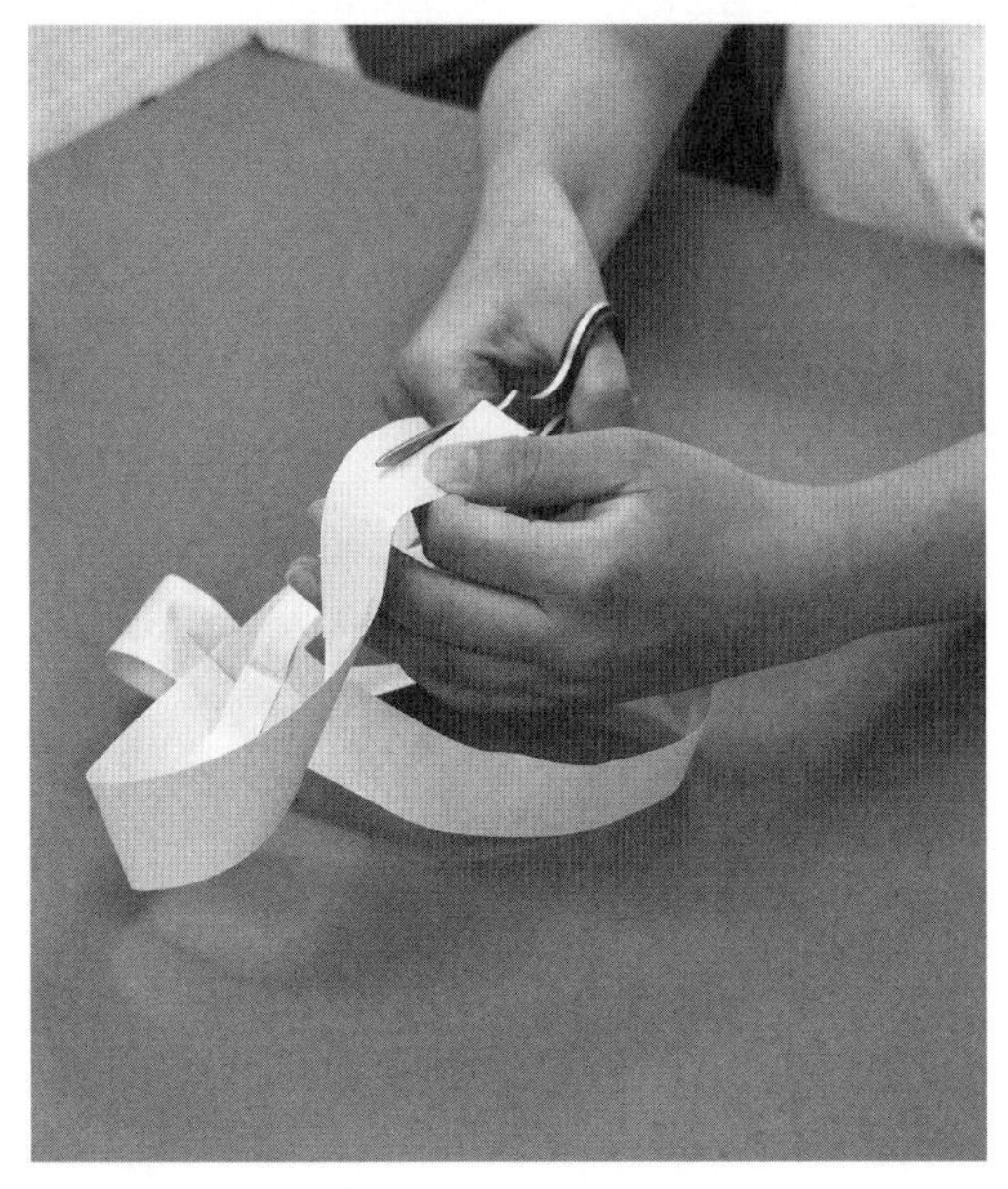

⑧ 広げるとまた予想外の結果に

広げてみると、また予想は裏切られ、今度はハート型の輪がつながって出てきました。⑥でのひね り方を間違えると２つの輪は離れてしまいます。

本当に不思議ですね。

解説 「メビウスの輪」とは

表と裏の概念がない不思議な構造

前号でもお話しした通り、「メビウスの輪」は、19世紀に活躍したドイツの数学者で天文学者でもあったA・F・メビウス氏（1790〜1868）が1858年に発見し発表したことから、氏の名前がついています。

前号でメビウスの輪には表と裏がない、というお話をしたところ、この性質を利用したものが身近かにありませんか、というご質問を受けました。メビウスの輪は、帯が自然に裏返り、表面を普通の帯の２倍利用できるため、かつてはカセットテープやプリンターのインクリボン、留守番電話用のエンドレステープなどに使われていましたが、デジタル化が進み、いまではみかけなくなりました。

いや、まだありました。ベルトコンベアです。このゴムベルトはメビウスの輪になっています。荷物を載せる側が徐々にすり減っていきますが、メビウスの輪にすることによって、裏返さなくても２倍長持ちするというわけです。

動画はこちら▶

今回の「メビウスの輪」の不思議は、こちらの動画でご覧ください。

for 中学生
らくらくプログラミング

プログラミングトレーナー　あらき はじめ

第2回

小学校でのプログラミング教育が始まり話題ですが、じつは中学校でも「技術・家庭」のなかでプログラミングが必修となっています。また2025年1月の大学入学共通テストの科目に「情報」が加わり、プログラミングでの学びが問われるようになります。そこで本誌でも、前号から「プログラミングとは？」から始める基礎講座をスタートさせています。

あらき はじめ　この春まで大学でプログラミングを教えていた先生。「今度は子どもたちにプログラムの楽しさを伝えたい」と、まだまだ元気にこの講座を開設。

画像：Turn.around.around/ PIXTA

難しくないプログラミング さあ、始まり、始まりぃ

第1回の「楽しいプログラム」を始めよう。といっても、今回はプログラム自体は作らないんだ。

その前にコンピュータの話をすることにした。85ページの【図1】を見てほしい。5大装置と書いてあるね。コンピュータを模式的に書くとこんな形になるんだ。でも、図を見てわかるものとわからないものがあるね。入力装置、出力装置は大丈夫だろう。入力装置はキーボードやマウス、スマートフォンではスクリーン自体が入力装置だ。出力装置はスクリーンやプリンタなどだね。音で考えると音声入力やマイクは入力装置、スピーカーなどは出力装置だね。

で、あとの3つが新しい言葉だ。記憶装置とはメモリのことだ（これ以降はメモリと書くよ）。残りの2つ、制御装置と演算装置がコンピュータの心臓部CPU（Central Processing Unit）のなかにある部分だ。CPUという巨大なICチップのなかにある機能を模式的に表したものだ。

大きく分けてCPUには2つの機能があるということを示しているよ。それぞれの装置は2種類の線でつながっている。1つ目が制御信号（点線）、2つ目がデータと書いてあるね。

制御信号はCPUの制御装置から出ている。4つの装置が制御装置によってコントロールされて動いているということだね。

さて、制御装置にメモリからデータが流れてきている。これがいまからみなさんが勉強していくプログラムだ。メモリ上におかれたプログラムが1つずつ制御装置に読み込まれ、プログラムによってコンピュータを動かしていくんだ。同じメモリから演算装置にもデータの入出力があるね。コンピュータが計算したりするデータはメモリから読み込まれ、演算結果や加工結果がメモリに戻されることを示しているんだ。

ここまでで、メモリのなかにはプログラムとデータがおかれることがわかったね。ある部分のメモリはプログラムとして使われ、ある部分のメモリはデータとして使われるんだ。同じメモリが目的を分けて使われていることを覚えておいてほしい。

先ほども書いたようにCPUはメモリ上のプログラムをいっぺんに読み込んで処理するのではない。1つの命令ごとにメモリから読み出して、その指示に従って処理を続けていくんだ。この過程のなかでデータを読

←84ページ本文につづく

み込んだり、加工したりする「演算」が行われることになる。

式を立てるための考え方はいつもの数学と同じだ

メモリのことをもう少し細かくみてみよう。みなさんが3人の友だちの平均身長を計算するときはどう計算しているだろう。式は簡単だね。

（Aさんの身長＋Bさんの身長＋Cさんの身長）÷3

大丈夫だ。コンピュータを使うから特別なことをするわけではないよ。いままで勉強してきたことをコンピュータに同じように処理させるだけだ。メモリ上にAさん、Bさん、Cさんの身長のデータを格納する場所を設けておいて、3つのデータを読み込み、3で割り、結果をメモリに戻すだけだ。途中経過で3人の合計を格納するメモリを確保することもある。最終的には平均を格納するメモリに結果を格納し、あとで表示や印刷に使えるようにするわけだね。

ここでデータの作り方を、もう少しみてみよう。では【図2】を見てほしい。【図2】には2つのデータがa、bという名前で入っている。スプーンと容器が描いてあるけれど、メモリはデータを入れる容器だというイメージだね。でもa、bはなにが入っているかわからないよね。作った人はわかるのだろうけれど、ほかの人が見たときにはわからない。自分でもあとで見たときにわからなくなることも多いよ。

【図3】を見てほしい。ここには、saltとsugarと書いてある。塩と砂糖だ。

家でも塩や砂糖を入れている容器には名前が書いてあるんじゃないかな。色分けして使っている家庭もあると思う。使うとき、いちいちなめて、「甘いから砂糖だ」なんて使い方はしないよね。入っているものがなにかをしっかり示すことが大事なんだ。

プログラムを作るときも同様だ。名前をつけることは大変だけれど、しっかりとつけておくことが大切だ。少しぐらい長くなってもいい。また、名前をつけるときにはちょっと面倒だけれど、英語名でつけるようにしよう。プログラムも英語も同時に勉強できて便利だ。では名前をつけてプログラムを書いてみよう。

average = (height_A + height_B + height_C) / 3

簡単な平均を求める式を書いてみた。あれっと思った人も多いかな。いままでは

(height_A + height_B + height_C) / 3 = average

と左から右へ書いていたと思う。コンピュータのプログラムでは一般的にデータの流れは右から左に書くことが多い。=は等号でなく、代入として機能している。割るという計算式は / を使って書くことが多いよ。掛け算は＊だ（アスタリスクと読むよ）。右から左に流れることを確認するために次の式を見てほしい。

A = A + 1

違和感がないかな。AとA+1が同じ？　なんて感じないかな。先ほど説明したようにプログラムは右から左に流れ、=は代入だ。この式の意味は古いAに1を加えて結果を新しいAとして格納しなさいということだ。

もう少しメモリの話を続けよう。例では3人の平均を求めた。ではクラスみんなの平均を求めるにはどうしたらいいんだろう。A,B,C … X,Y,Zなどと名前をつけていくのだろうか。

10人や20人ならまだ大丈夫だけれど人数が多くなったときは大変だ。

また、ほかのクラスで使うときには代用できない。そこで多くのデータを扱うときに1つの名前で多くのデータを扱う方法がある。これが配列だ。配列にも色々な形があるけれど、みなさんは一番簡単な1次元配列を理解しておけばいいと思う。

height [40]

のように書けば40人分のデータ領域を確保できる。名前のあとにカッコをつけて必要な人数を書けば必要なデータを確保できるんだ。この配列と、このあと連載4回目ぐらいに勉強する繰り返し構造を使えば簡単にプログラムで40人分の平均が求まる。

①no = 0
②sum = 0
③sum = sum + height[no]
④no = no + 1
⑤全員のデータを読み終えるまで
**　③を繰り返す**
⑥average = sum / no

③のheight [no] のnoが変わっていることで全員のデータを読むことができるんだね。

今回はこれくらいでおしまいにしておこう。

クイズ

最後にちょっとクイズを書いておこう。コンピュータはプログラムで動いていくんだよね。電源を入れた瞬間はメモリのなかはクリアされてなにも入っていない。プログラムはメモリ上にない。どうやってコンピュータは動いていくんだろうか。次回までに考えておいてほしい。

プログラム作りの準備を

PCを持っている人は下のURLかQRコードで開いて、必ずWebページの説明を読んでプログラム作りの環境を構築しておいてほしい。

Webページでは Scratch、C、Python という3種類の言語を使った説明をしている。第3回からはもう少しプログラムに沿った話をしていくから、楽しくプログラムができるといいね。

https://onl.tw/3AicZp8

for 中学生
らくらくプログラミング

【図1】コンピュータの5大装置

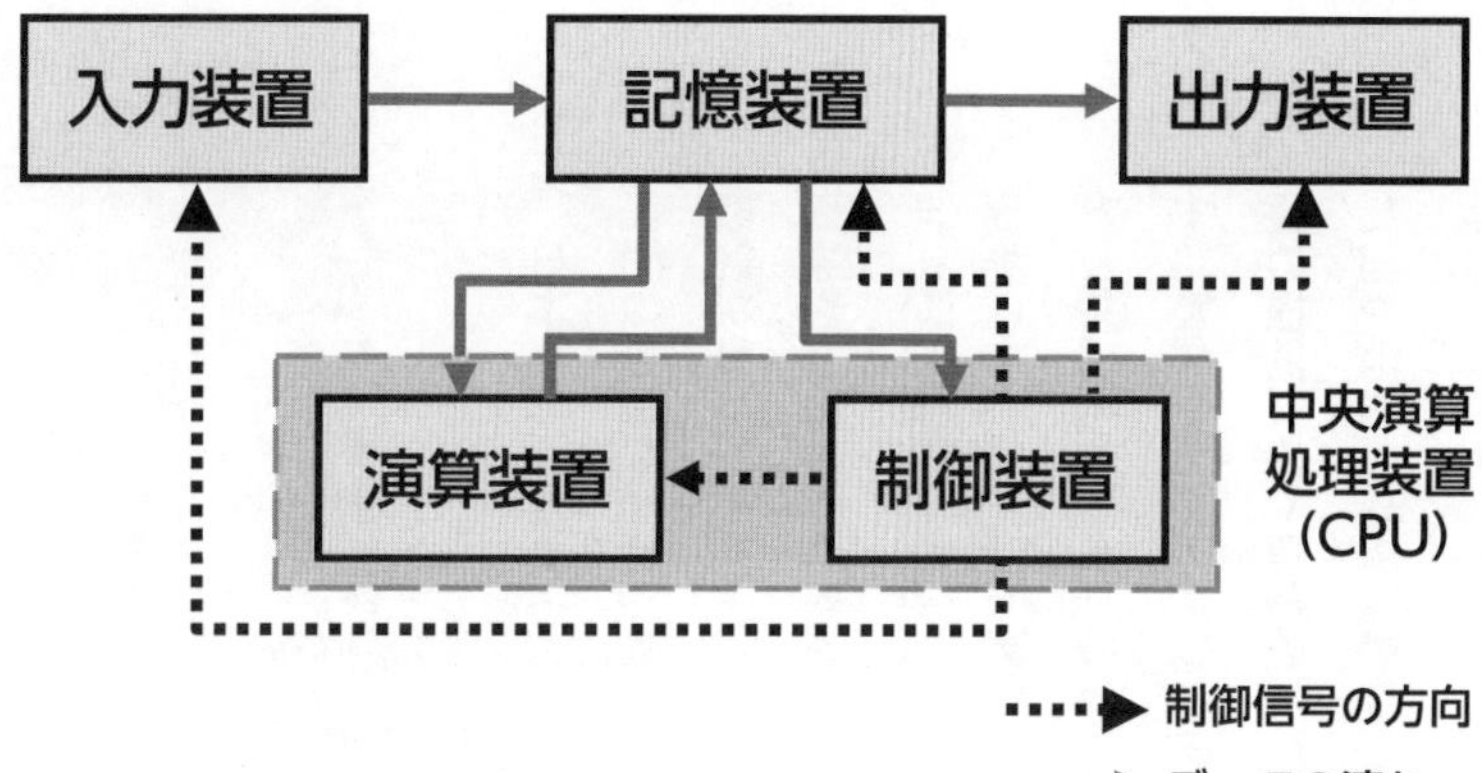

【図2】なにが入っている？

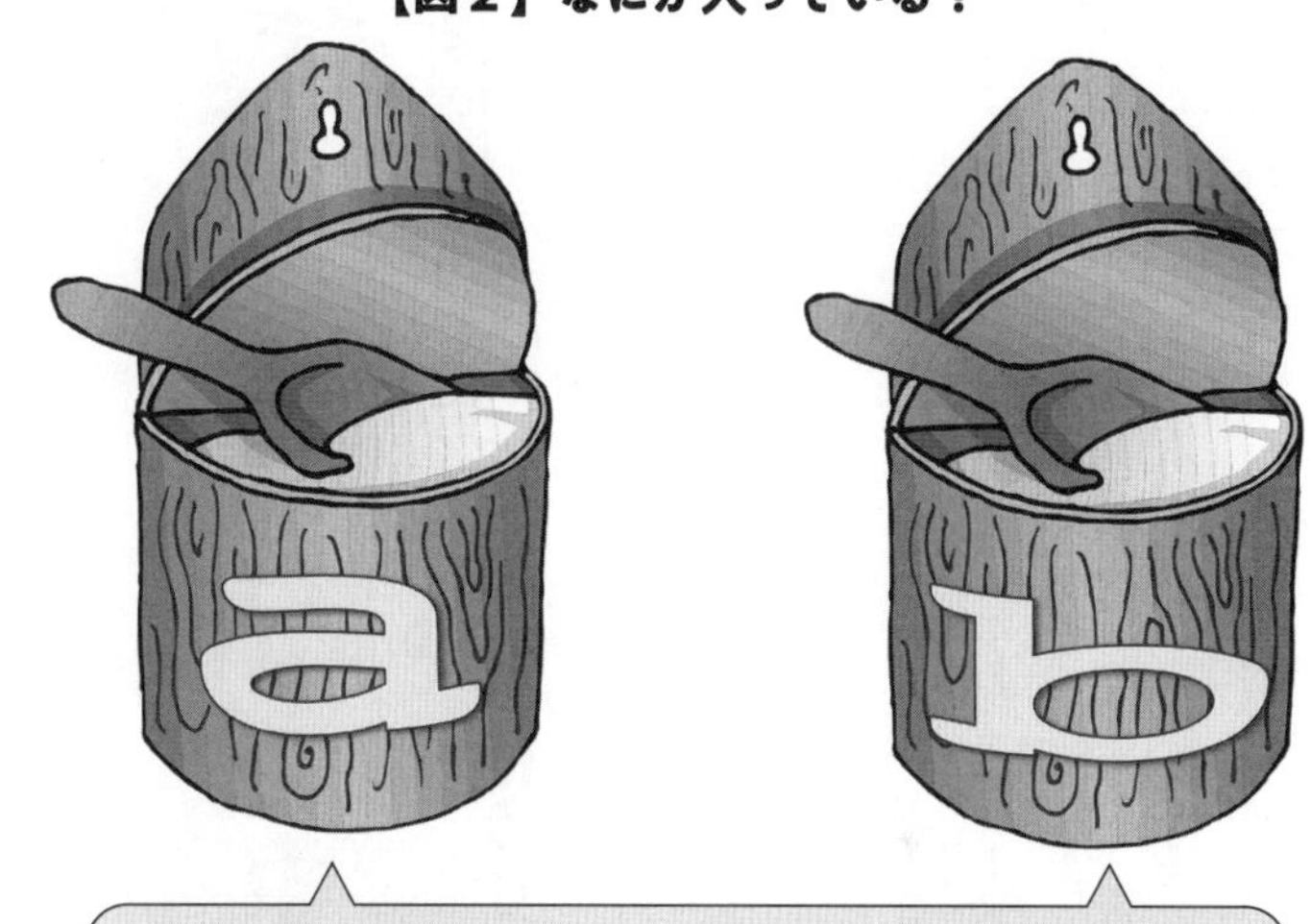

なにが入っているのかわからない
(作った本人はそのときは覚えていたとしても)

【図3】名前をしっかりとつけよう

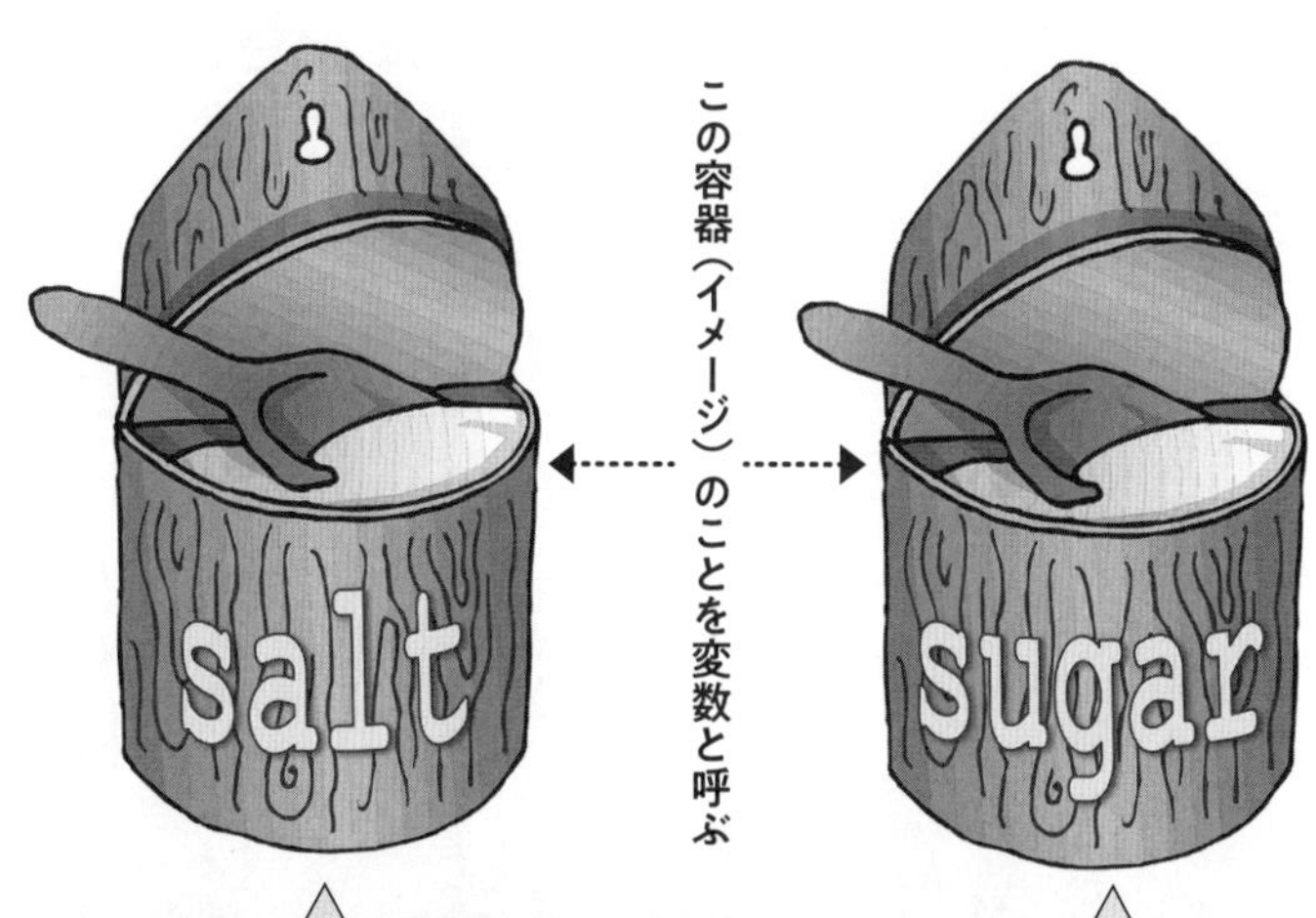

メモリ上の内容を表す名前をつけた数値などの容器を変数というよ

そうだったのか！

中学生のための経済学

山本 謙三
オフィス金融経済イニシアティブ代表、前ＮＴＴデータ経営研究所取締役会長、元日本銀行理事。

公的機関が果たす経済活動の役割とは

「経済学」って聞くとみんなは、なにか堅〜いお話が始まるように感じるかもしれないけれど、現代社会の仕組みを知るには、「経済」を見る目を持っておくことは欠かせない素養です。そこで、経済コラムニストの山本謙三さんに身近な「経済学」について、わかりやすくお話しいただくことにしました。今回は、公的機関の経済活動についてのお話です。

日本やアメリカのような市場経済の国は、民間の自由な経済活動を尊重します。企業や家計が自らの意思で生産や消費をすることが、資源や労働力の効率的な利用につながり、望ましい経済水準を実現させると考えられているからです。一方、実際の社会では、国や地方公共団体も数多くの経済活動を行っています。警察や消防の活動、生活保護や医療、介護の提供、橋や道路の建設などです。こうした国や地方の経済活動は、なぜ必要で、どのような役割を果たしているのでしょうか。

国などが直接行うサービス

第1の役割は、いわゆる「市場の失敗」への対応です。「市場の失敗」とは、市場にすべてを任せる、すなわち企業や家計の自由な活動に任せるだけでは、社会が必要とする十分な水準を確保できないケースをいいます。警察の活動を例に、考えてみましょう。

個人や家庭の安全を守るだけであれば、ボディガードや警備員など、民間企業が提供するサービスがあります。片や、警察の活動には、地域を巡回し、社会全体の安全を高める重要な機能があります。特徴は、その効果が地域全体に広くおよぶことです。逆にいえば、もし住民のなかに「身の安全は自分で守るので、私は警察のサービスは不要です」とする人がいても、安全向上の効果は結果的にその住民にも波及します。これを「排他性がない」といいます。提供不要と主張する人がいたとしても、サービスがおよぶ範囲から当人を排除できないということです。

悩ましいのは、これをみなが知るようにな

れば「警察のサービスは不要」と費用負担を拒みながら、実際には恩恵を受ける人が多く現れかねないことです。そうなると警察を維持する費用は不足し、社会が必要とする警察官の数を確保できなくなります。国や地方公共団体が自ら警察の運営を手がけ、費用を税金で賄うのはこれが理由です。こうした特徴を持つサービスは、「公共財」と呼ばれます。

　また、水道のような生活に欠かせない社会基盤であるインフラ事業は「準公共財」と呼ばれ、公社・公団など、公的な性格の強い企業によって提供されています。準公共財の場合は、警察と違い、「排他性」があります。世帯ごとに供給を止める、あるいは使用料を請求することができるからです。

©Anesthesia/PIXTA

　これらの事業の特徴として、水道管の敷設や浄水場の建設など、初期段階の投資がかさむことがあげられます。この場合、巨額の初期費用がかかるために、市場に任せておくとサービスの提供者が1社だけとなりがちです。いわゆる「独占」です。いったん独占の状態が生じると、新規の競争相手が現れにくいだけに、不当に高い価格設定が行われ、適切な水準の供給を確保できない恐れが出てきます。これを避けるため、準公共財の場合には公的性格の強い企業が提供し、国や地方公共団体が深く関与するケースが多くなります。

重要だが難しい2つの役割

　国、地方公共団体の第2の役割は「所得の再分配」、すなわち所得や資産の多い人から多くの税金や保険料を集め、少ない人に再分配する活動です。生活保護の制度が典型ですが、医療費の制度などにも同様の考えが組み込まれています。例をあげると、高齢者の医療費では、所得の多い人の自己負担割合は高めに設定されています。また、所得が多くなるほど高い所得税率を適用する「累進課税」の制度も、これにあたります。「所得の再分配」は、国民に最低限の生活を保障すると同時に、人々の不平等感を和らげることによって社会の安定に寄与すると考えられています。

　第3の役割は「経済の安定化」です。一国の経済は、好況、不況の波を繰り返します。それ自体は自然なことですが、過度の変動は大量の失業者や物価高を生むなど、社会にとって大きな負担となります。そこで、不況時には道路や橋などを多く建設したり、減税を行ったりして景気の落ち込みを防ぎ、逆に景気の過熱時には公共事業を減らしたりして経済を安定させようとします。

　このように国や地方公共団体の経済活動には重要な役割があります。ただし、公的機関の関与は、民間の自由な競争と裏腹の関係にあり、関与が大きくなりすぎると、民間の自発的な活動意欲がそがれる懸念があります。例えば所得再分配をどこまで求めるかは難しい課題です。税や社会保障で全国民の所得が同一になるように調整すれば、今後一生懸命に働く人はいなくなるでしょう。働いても、最終的に手にする所得は同一になるからです。

　また経済の安定化の役割にも注意が必要です。財政支出をどんどん増やせば好景気が訪れ、国民生活が豊かになると錯覚しがちですが、どの企業にも補助金を出し続ければ、成長性に乏しい企業も生き残り、経済から活力が奪われます。公的機関にどれほどの役割を期待するかは、どの国でも悩ましい問題です。

淡路雅夫の

中学生の味方になる子育て 第1回

楽しむ 伸びる 育つ

profile 淡路雅夫（あわじ まさお） 淡路子育て教育研究所主宰。國學院大学大学院時代から一貫して家族・親子、教育問題を研究。元浅野中学高等学校校長

必要な自主性・主体性 保護者は半歩先を考えて

中学校の生活が始まって、アッという間に3カ月が経ちました。夏休みを迎える時期です。これからお子さんにどのように接しかかわったらよいか、中学生のキャリア教育という視点から、お子さんを育てるための課題を考えていきたいと思います。

お子さんにとって中学校の生活は、子どもから青年になる転換期で、社会へ出るための土台作りの時期です。現代は、変化の激しい社会ですから、保護者のみなさんには、お子さんの性格をよく観察して、お子さんの半歩先を考えながら中学生活の支援をしてほしいと思います。

具体的には、お子さん自身の心の変化や、そこで起こる社会現象や対人関係、また、環境問題や自然とのかかわりなど、色々な体験を通して考えたり、悩んだりするお子さんに対して、どのように接したらよいか、そのポイントについてです。

まず、今回お話ししておきたいことは、子どもの「自主性」「主体性」の問題です。小学校では先生や親に指示されて生活してきたというお子さんは少なくありません。しかし、中学校の生活では、子ども自身が自律できるような生活の習慣化が、とても重要な課題になります。

小学校時代に比べ中学生になると、子どもの行動範囲はさらに広くなります。学年の仲間、あるいは学年を越えた異年齢の友人との関係が広がり、加えて授業内容も難易度が上がっていきます。

それに伴い、お子さんは、色々な場で「どうしたらよいか」の判断や決断を要求されます。その都度、保護者に相談したり聞いたりするわけにはいきません。

自主性や主体性はすぐに身につくものではありませんが、子どもの生活体験を通して自分で気づき、考えて行動する生活を、早くから習慣化したいものです。親から指示されて生活しているお子さんと自律しているお子さんの学びの差は、とても大きいのです。じつは、子どもの主体性は、学習力や集中力、対人関係などが大きく影響しています。

指示されてイヤイヤ学習する子どもと、自分から学ぼうとする子どもの差は、能力というより、むしろ子どものモチベーションの高さや生きる力が反映して、子どもの生活力全体を高くも低くもしているのです。

最近の社会では、自分で判断することができないとか、自分で決めることが怖いという若者が多くなっている現状もあります。今年の4月から、法改正されて18歳から「成人」として扱われるようになりました。社会生活をするうえで、自分でよく考え行動することがさらに要求されます。子どもの主体性を高める学びの問題は、いまや個人的な問題というより社会的な問題にもなっているのです。

変わりゆく仕事のイメージ 多様で幅広い学びが必要に

次に、中学3年生にとっては、進路を考える大切な時期でもあります。

私たちの人生は長くなり、生き方も一本道ではなくなっています。自己のやりがいや能力を発揮するための転職も多くなります。「一生の仕事は1つとは限らない」という考え方で、進路を考えねばなりません。

「自分の好き」を仕事に活かす時代が来ているのです。中学3年生にとっては、激しく変化する社会を生きるために備え、複業もできるよう自分の多様な興味・関心事のなかから自己の能力を発見し、学んでおく必要も出てきています。その学びで見たり聞いたり体験したことは、いつでも応用できるからです。

そのためにも、お子さんには自分の好きなことや得意なことを磨くとともに、将来自己を活かすための幅広い学びも大切になります。子どもの将来はますます柔軟な生き方が必要になります。現代社会は効率的な学びが課題になっていますが、多様な学びに柔軟に対応するための生活意識も、中学時代の課題です。

先の見えない不安定な社会では、子どものモチベーションと生活方法が重要です。いまから自分自身の性格と興味・関心に目を向け、社会に居場所を見つけるための多くの体験と意識を育てることが必要です。

社会のなかに、自己の好奇心を通した強みを見つけ、それを目標にすること。「目標は人を育てる」と言われますが、お子さんの次のステージである高校生活への準備にとっても、大事なことです。

次回から、お子さんの高校受験や、生活の土台作りになるような具体的なテーマを取り上げ、アドバイスをしていきたいと思います。

〈つづく〉

PICK UP NEWS
ピックアップニュース！

経済安全保障推進法が賛成多数で可決、成立した参院本会議（2022年5月11日、国会内）写真：時事

今回のテーマ

経済安保法成立

岸田文雄政権が看板政策の1つに掲げている経済安全保障推進法が5月の国会で成立しました。

国家の安全保障といえば防衛問題が頭に浮かびますが、経済の分野から国の安全保障を確実にしようという考えです。

この考えは昔からありましたが、手つかずの状態でした。しかし、新型コロナウイルスの感染拡大で、貿易や流通に大きな支障をきたしたり、ロシアのウクライナ侵略などにより、エネルギーや食糧の国際的な不足や高騰が起こるといった問題が浮き彫りになったことから、法律を制定して、安定した需給網の確保等をめざすというものです。

同法は①供給網の強化、②基幹インフラの安全確保、③官民による先端技術開発、④特許の非公開の4本柱からなります。

みなさんは新型コロナウイルス感染症が流行し始めた一昨年、全国的にマスクや医薬品が不足したことを覚えていると思います。こうしたことのないように、生産体制を強化して供給を円滑にしようというのが、①の供給網の強化です。医薬品だけでなく食糧や半導体も含まれる予定です。

②は電気通信など14業種の設備を政府が審査し、サイバー攻撃などから守ることを主眼にしています。③は企業によるAI（人工知能）開発を政府が支援するといったことが盛り込まれています。④は核開発や武器開発に関係する技術の特許を非公開にするなどして、これらの技術が悪用されることを防ぐことが狙いです。

この時期になって、経済安保の考えが表面化してきた背景には、中国による、武力での現状変更の動きへのけん制の意味もあります。また、日本の技術の一部が北朝鮮に流出して、核開発に利用されているという指摘も無縁ではありません。

しかし、法律を制定してもどの程度の実効性があるのか、という疑問が残ります。日本は多くの原材料を輸入に頼っているからです。また、同法は政府が企業の活動を一部制限することにつながりかねないという指摘もあります。政府は今秋をめどに具体的な基本方針を策定し、企業の意見も取り入れながら、順次施行していく考えです。

ジャーナリスト 大野 敏明
（元大学講師・元産経新聞編集委員）

思わずだれかに話したくなる

名字の豆知識

第26回

都道府県別の名字 今回は

宮城

歴史が物語る宮城の名字

大都市仙台のある宮城県に多い名字

都道府県別の名字を紹介するシリーズ第4回は宮城県。

宮城県の名字のベスト20は、多い順に佐藤、高橋、鈴木、佐々木、阿部、千葉、伊藤、菅原、渡辺、斎藤、遠藤、三浦、加藤、小野寺、菊地、木村、今野、及川、熊谷、吉田です。

全国のベスト20以外の名字は阿部（全国23位）、千葉（同90位）、菅原（同86位）、遠藤（同39位）、三浦（同45位）、小野寺（同230位）、菊地（同96位）、今野（同282位）、及川（同279位）、熊谷（同154位）です（新人物往来社『別冊歴史読本　日本の苗字ベスト10000』より）。

これ以外で、同県に多い名字には早坂、菅野、大友、相沢、庄子、丹野、赤間、菅井、若生、八巻、門間、中鉢、山家、只野などがあります。

県都、仙台市は100万人都市で、政令指定都市です。江戸時代は仙台藩伊達氏62万石の城下町で、現在の宮城県の全体と岩手県と福島県の一部が伊達領でした。伊達という名字は隣の福島県の郡名にちなみます。

宮城県の県名の由来となったのは、仙台市を取り巻く宮城郡。その宮城郡の名の由来は塩竈神社（宮）と多賀城（城）からという説が有力です。塩竈神社は陸奥国一の宮、多賀城は奈良時代に蝦夷の攻撃に備えて設けられた城柵で、この地は現在、そのまま多賀城市となっています。

ちょっと歴史を振り返りましょう。

1185年の平家滅亡ののち、源義経は兄、頼朝から追われる身になります。これを匿ったのが現・岩手県平泉町の奥州藤原氏。三代秀衡が亡くなると、四代泰衡は頼朝に内通して義経を滅ぼします。ですが、1189年、頼朝は義経を匿った罪で奥州藤原氏追討の兵をあげ、奥州藤原氏は滅亡、泰衡は殺されます。頼朝は初めて奥州を手中に収め、地頭を置きます。

地頭となったのは千葉、中条、小山、和田、留守、八幡、国分、東、菅原、渋谷、畠山、小野寺、宇都宮、小田、葛西、熊谷らの各氏です。彼らは鎌倉から派遣されたり、頼朝軍に協力した地元の有力者でした。

　これをみると千葉、菅原、小野寺、熊谷など現在の宮城県に多い名字が散見されます。彼らの子孫や彼らが地頭をしていた領地の農民たちがその名字を名乗って、同県における大姓になっていったのでしょう。

宮城　歴史からみえてくる名字のルーツとは

　室町時代は現在の大崎市に奥州探題（※）が置かれ、探題は当初、足利一族の吉良、畠山、斯波、石塔（石堂）の各氏が務めましたが、のちに大崎氏が務めるようになり、戦国時代を迎えます。名目上の守護は、前期は石塔氏、後期は足利氏です。

　現代でも仙台平野の北部、同県最大のコメどころを大崎耕土といい、七ツ森のある豊かな土地です。七ツ森とは大崎耕土にそびえ立つ7つの山です。天気がいいと仙台から大崎耕土と七ツ森が望めます。この地を中心に留守氏、国分氏、黒川氏らがしのぎを削る戦いをしていましたが、北から大崎氏と葛西氏が、南から伊達氏が押し寄せました。

　伊達氏は現在の福島県伊達郡の出身ですが、蘆名氏を滅ぼして福島県を統一、北上しました。結果として宮城、福島は伊達氏が押さえましたが、豊臣秀吉はすべての領有を許さず、現在の宮城県と岩手県の一部のみの領有を許しました。

※探題（たんだい）＝室町幕府の職名。遠隔地から、その地方の政治・軍事・裁判などをつかさどった

　宮城県のトップの名字は佐藤ですが、これは源義経の忠臣、佐藤継信、忠信兄弟の影響が大きいと思われます。

　宮城で8位の菅原は藤原氏に追われた菅原道真の後裔を称しています。道真自身は福岡県の太宰府に流されたわけですが、一族の一部は奥州に難を逃れたというわけです。菅野、菅井なども、その派生でしょう。漢字は異なりますが、須貝も流れはいっしょです。

　5位の阿部氏は阿部比羅夫、阿倍仲麻呂らを出した家柄で、前九年の役、後三年の役で主役を演じた奥州の大姓です。元々、第8代孝元天皇の子孫と伝えられ、伊賀・阿拝出身といわれます。平安中期以降、北上川流域に栄え、一大勢力となりました。阿部、安倍、安部、阿倍などいくつかの書き方があり、読み方も「あべ」以外に「あんばい」というのもあります。ただ、前にも触れたように、有力者や支配者の名字をそのまま庶民がつけたケースが多く、同じ名字がそのまま一族を表すとは限りません。

　宮城県出身の唯一の首相は高橋是清です。仙台藩士、高橋是忠の養子で、生まれは江戸です。藩費でアメリカに留学しますが、騙されて奴隷にされたりして、大変な苦労をしました。1951年に50円札の肖像にもなっています。

ミステリーハンターQの
タイムスリップ歴史塾

鉄道開業150年

私たちの交通手段として、なくてはならない存在である鉄道。では、日本で鉄道が開業したのはいつのことか、答えられるかな？

勇　今年は日本で鉄道が開業して１５０年だってね。

MQ　１８７２年10月にいまの東京・新橋駅（のちの汐留駅）と横浜駅（現・桜木町駅）の間で、日本で初めて鉄道が走ったんだ。

静　それまでは、日本の人たちは鉄道の存在を知らなかったの？

MQ　幕末の日本には、海外で鉄道が運行されているという情報が入っていて、模型などが作られたりはしていたよ。でも、日本で実際に鉄道を作る計画が本格化したのは、１８６８年の明治維新以降のことだね。

勇　それってどういう計画だったの？

MQ　１８６９年、明治新政府（太政官）は東京と神戸を結ぶ鉄道を計画したんだ。

静　いまの東海道線のこと？

MQ　初めの計画段階では違ったんだ。当初、太政官は内陸を通る中山道沿いに鉄道を敷く計画だった。日本で初めて開通した新橋〜横浜間はその支線という考えだった。現に１８８３年に上野〜熊谷間で日本初の私鉄路線が開設されているんだよ。しかし、この計画はのちに東海道ルートに変更になったんだ。

勇　どうして変更になったの？

MQ　東海道ルートの方が海岸線で、中山道ルートよりも用地買収や鉄道敷設が容易だったからだよ。１８８９年には新橋〜神戸間の東海道線が開通したんだ。

静　最初にできた新橋〜横浜間の鉄道はどういうものだったの？

MQ　全長は29㎞。蒸気機関車ですべてイギリス製の10両編成だった。線路の幅は欧米の１４３５㎜（標準軌）よりも狭い１０６７㎜（狭軌）が採用されたんだ。翌１８７３年の記録では、乗客は１日平均４３４７人だった。鉄道は庶民の人気の的になったため、多くの私鉄があちこちにできて、鉄道を作り始めたんだ。でも軍事的な観点もあって、政府は１９０６年に鉄道国有法を制定して、私鉄17社を買収し、全国の9割の鉄道を国有化したんだ。

勇　その後も鉄道は国有化されていたの？

MQ　戦前は鉄道省の管轄下になったけど、戦後の１９４９年、当時の運輸省の外局として日本国有鉄道（国鉄）が発足。１９８７年に分割・民営化されてＪＲになって現在にいたっている。新橋〜横浜間に初めて鉄道が走った10月14日は鉄道の日として記念日になっているよ。そのときは全長29㎞だったけど、現在はＪＲが約2万㎞、私鉄が約７０００㎞で、日本を走る鉄道の総延長は約2万７０００㎞になっているんだ。

ミステリーハンターQ（略してMQ）

米テキサス州出身。某有名エジプト学者の弟子。1980年代より気鋭の考古学者として注目されつつあるが本名はだれも知らない。日本の歴史について探る画期的な著書『歴史を掘る』の発刊準備を進めている。

山本 勇

中学３年生。幼稚園のころにテレビの大河ドラマを見て、歴史にはまる。将来は大河ドラマに出たいと思っている。あこがれは織田信長。最近のマイブームは仏像鑑賞。好きな芸能人はみうらじゅん。

春日 静

中学１年生。カバンのなかにはつねに、読みかけの歴史小説が入っている根っからの歴女。あこがれは坂本龍馬。特技は年号の暗記のための語呂合わせを作ること。好きな芸能人は福山雅治。

身の回りにある、
知っていると
役に立つかもしれない
知識をお届け!!

サクセス印のなるほどコラム

堂々巡りとペンローズの階段

あ～どうしよう???　あ～……。

先生、なに、あ～あ～言ってるの?

お財布を落としちゃったんだよ。

え！　それは困ったね。お金、少しなら持ってるから貸そうか?

キミ、いつになく優しいね……。それより、どこで落としたのか気になっているんだ。

先生はどこまでお財布の記憶があるの?　というか、どこの場所まで持っていた記憶があるの?

朝、家を出るときは持っていたんだよね。学校に来る前にコンビニに行ったんだけど、そのときも持っていたよ。

学校に着いてからはどう?

学校に着いたとき、職員室でお財布を見た気がするんだよね。

じゃあ、職員室から探してみれば?

それはもう調べたんだよ。

もう一度思い出してみるしかないよ。

それをさっきから頭のなかでやっているんだ。グルグルとね……。

堂々巡りしてるわけだね。

まるでペンローズの階段だよ……。

なにそれ?

こんな感じのやつ。

不思議な絵だね……。なんか、メビウスの輪みたい???

階段を上っても降りても、同じ場所に戻っているよね。目の錯覚を利用した不可能図形の1つなんだ。ペンローズというのは図の考案者の名前だよ。

へえ～。でもその絵を思い描いても、解決するわけないじゃん。だって振り出しに戻るんだからさ（笑）。

あ～お財布……どこにあるのかなあ。

ねえねえ、もしかして、このペンローズの階段って、真ん中に穴が空いているよね?

うん。空いてる気がする。

穴を探してみようよ。例えばさ、ゴミ箱とか。

ゴミ箱はそこにあるよ。でもまさか、お財布をゴミ箱に捨てたってことはないと思うけど。

これ違う?　ゴミ箱のなかに、コンビニのレジ袋に入ったお財布らしきものが捨てられてるよ！

そういうことか！　思い出した！　コンビニで買いものをしたときに、買ったおにぎりといっしょにレジ袋のなかにお財布を入れたんだった。

でもさ、なんで捨てたの?

おにぎりを食べることに没頭して、おにぎりから出たゴミをそのままレジ袋に入れて捨てたんだと思う。きっと。

きっとじゃないでしょ！

恥ずかしいなあ。穴があったら入りたい。

すでに穴に落ちてるでしょ。そのなんちゃらの階段とやらの穴に。

ペンローズの階段だよ。それに、キミ、この絵を思い描いても役に立たないみたいなことを言ってたけど、重要なヒントになったじゃん！

先生、懲りないね……。

中学生でもわかる

高校数学のススメ

高校数学では、早く答えを出すことよりもきちんと答えを出すこと、つまり答えそのものだけでなく、答えを導くまでの過程も重視します。なぜなら、それが記号論理学である数学の本質だからです。さあ、高校数学の世界をひと足先に体験してみましょう！

written by
湯浅 弘一
ゆあさ・ひろかず／湘南工科大学特任教授・湘南工科大学附属高等学校教育顧問

Lecture! 絶対値の記号が含まれるグラフ(2)

例題　次のグラフを描きなさい。
$y=|x-1|+|x-2|$　のグラフを描きなさい。

(あ)

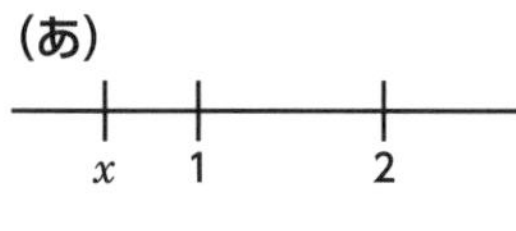

(い)

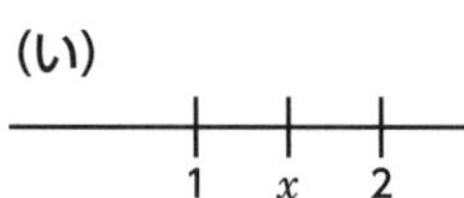

(う)

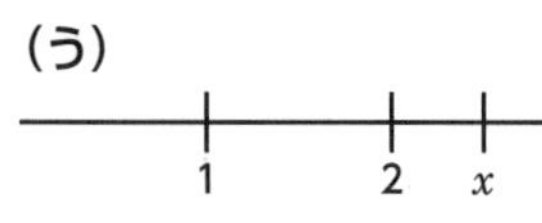

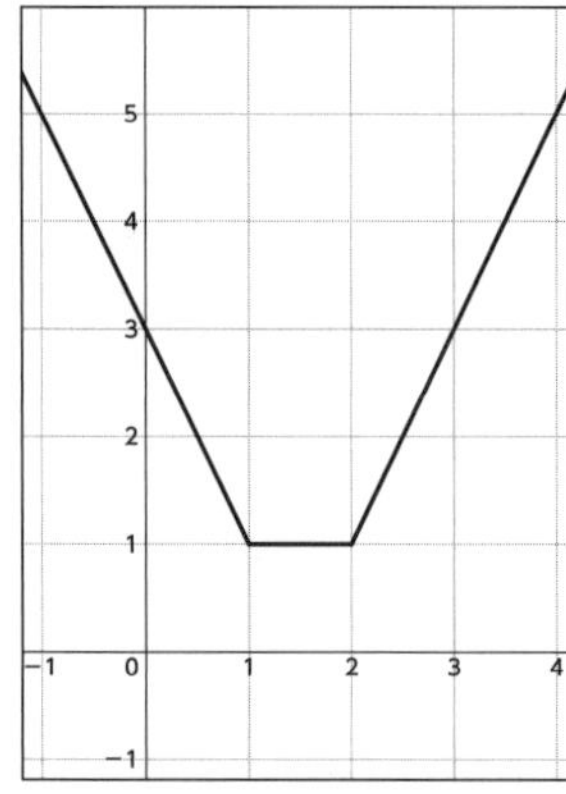

例題は前回の類似問題ですが、少し様子が異なります。前回の例題は$y=|x-1|$。絶対値を含む項が1個だけでしたが、今回は2個あります。しかし、考え方は前回同様、絶対値の記号の本来の意味は“距離”ということがポイントです。

$|x-1|$ならば、数直線上でxと1との距離を表し
$|x-2|$ならば、数直線上でxと2との距離を表します。
ということは、xの位置は左の(あ)～(う)のように3つの場面が考えられます。場合分けをしましょう。

(あ) $x\leqq 1$のとき、$|x-1|=1-x$、$|x-2|=2-x$であるから
$y=|x-1|+|x-2|=(1-x)+(2-x)=-2x+3$
つまり$y=-2x+3$

(い) $1\leqq x\leqq 2$のとき、$|x-1|=x-1$、$|x-2|=2-x$であるから
$y=|x-1|+|x-2|=(x-1)+(2-x)=1$ つまり$y=1$

(う) $2\leqq x$のとき、$|x-1|=x-1$、$|x-2|=x-2$であるから
$y=|x-1|+|x-2|=(x-1)+(x-2)=2x-3$
つまり$y=2x-3$

これをグラフにすると左のような折れ線グラフが描けます。

今回学習してほしいこと

絶対値を含む項が複数ある場合は、①場合分けとなるxの値を先に見つける。
②①の値の前後で場合分けを行う。

練習問題

上級

$y=|x+1|-|x|+|x-1|-|x-2|$の
グラフを描きなさい。

中級

$y=|x+1|+|x-1|+|x-2|$の
グラフを描きなさい。

初級

$y=|x+1|+|x-1|$の
グラフを描きなさい。

解答・解説は次のページへ！

解答・解説

上級

(あ) $x \leqq -1$のとき、$|x+1|=-1-x$、$|x|=-x$、$|x-1|=1-x$、$|x-2|=2-x$であるから

$y=|x+1|-|x|+|x-1|-|x-2|=(-1-x)-(-x)+(1-x)-(2-x)=-2$

(い) $-1 \leqq x \leqq 0$のとき、$|x+1|=x+1$、$|x|=-x$、$|x-1|=1-x$、$|x-2|=2-x$であるから

$y=|x+1|-|x|+|x-1|-|x-2|=(x+1)-(-x)+(1-x)-(2-x)=2x$

(う) $0 \leqq x \leqq 1$のとき、$|x+1|=x+1$、$|x|=x$、$|x-1|=1-x$、$|x-2|=2-x$であるから

$y=|x+1|-|x|+|x-1|-|x-2|=(x+1)-x+(1-x)-(2-x)=0$

(え) $1 \leqq x \leqq 2$のとき、$|x+1|=x+1$、$|x|=x$、$|x-1|=x-1$、$|x-2|=2-x$であるから

$y=|x+1|-|x|+|x-1|-|x-2|=(x+1)-x+(x-1)-(2-x)=2x-2$

(お) $2 \leqq x$のとき、$|x+1|=x+1$、$|x|=x$、$|x-1|=x-1$、$|x-2|=x-2$であるから

$y=|x+1|-|x|+|x-1|-|x-2|=(x+1)-x+(x-1)-(x-2)=2$

これをグラフにすると下の図になります。

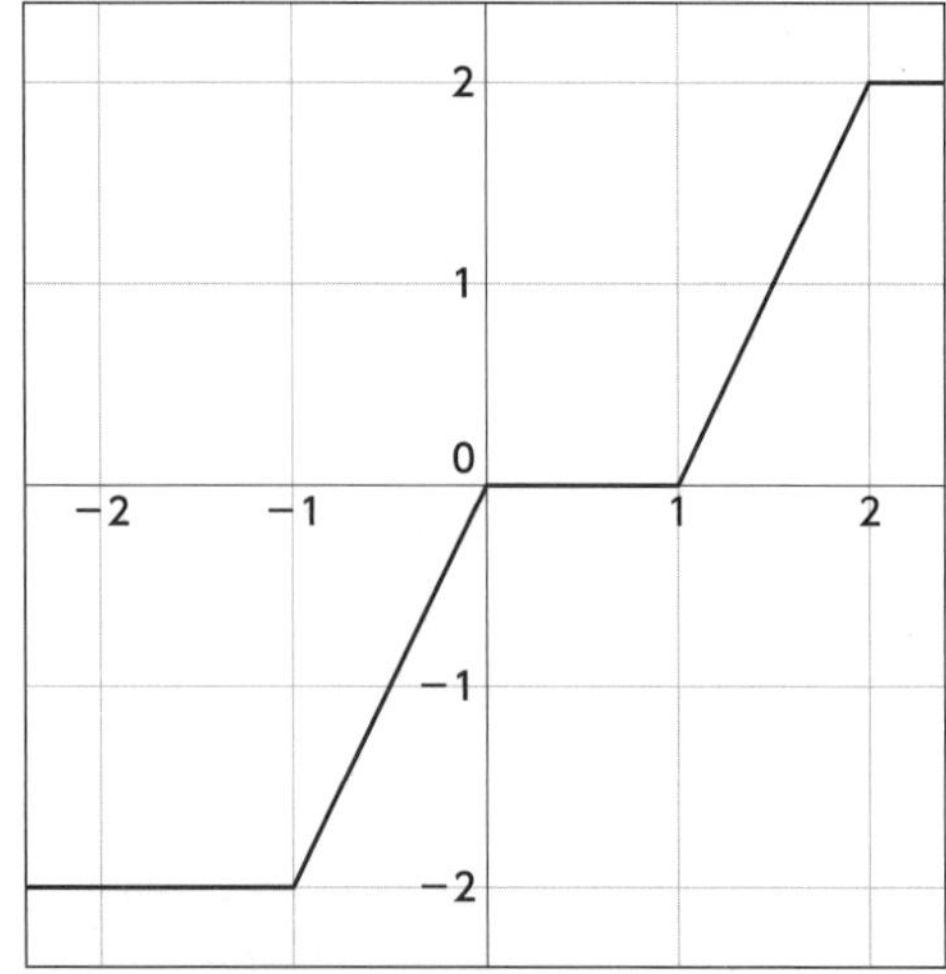

階段みたいですね！

中級

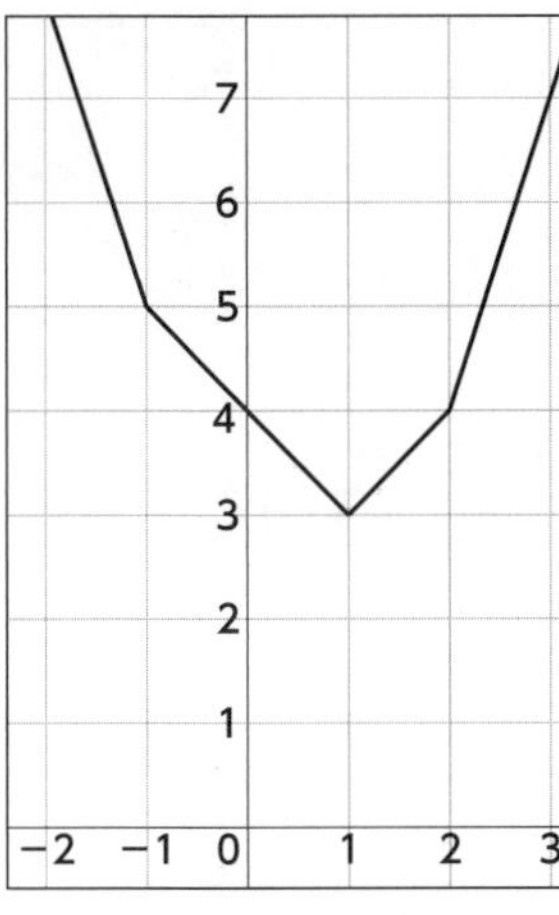

下の【初級】と同様に$|x+1|=|x-(-1)|$とみます。
(あ) $x\leqq-1$のとき$|x+1|=-1-x$、$|x-1|=1-x$、$|x-2|=2-x$であるから
$y=|x+1|+|x-1|+|x-2|=(-1-x)+(1-x)+(2-x)=-3x+2$
(い) $-1\leqq x\leqq1$のとき、$|x+1|=x+1$、$|x-1|=1-x$、$|x-2|=2-x$であるから
$y=|x+1|+|x-1|+|x-2|=(x+1)+(1-x)+(2-x)=-x+4$
(う) $1\leqq x\leqq2$のとき、$|x+1|=x+1$、$|x-1|=x-1$、$|x-2|=2-x$であるから
$y=|x+1|+|x-1|+|x-2|=(x+1)+(x-1)+(2-x)=x+2$
(え) $2\leqq x$のとき、$|x+1|=x+1$、$|x-1|=x-1$、$|x-2|=x-2$であるから
$y=|x+1|+|x-1|+|x-2|=(x+1)+(x-1)+(x-2)=3x-2$
これをグラフにすると左上の図になります。

初級

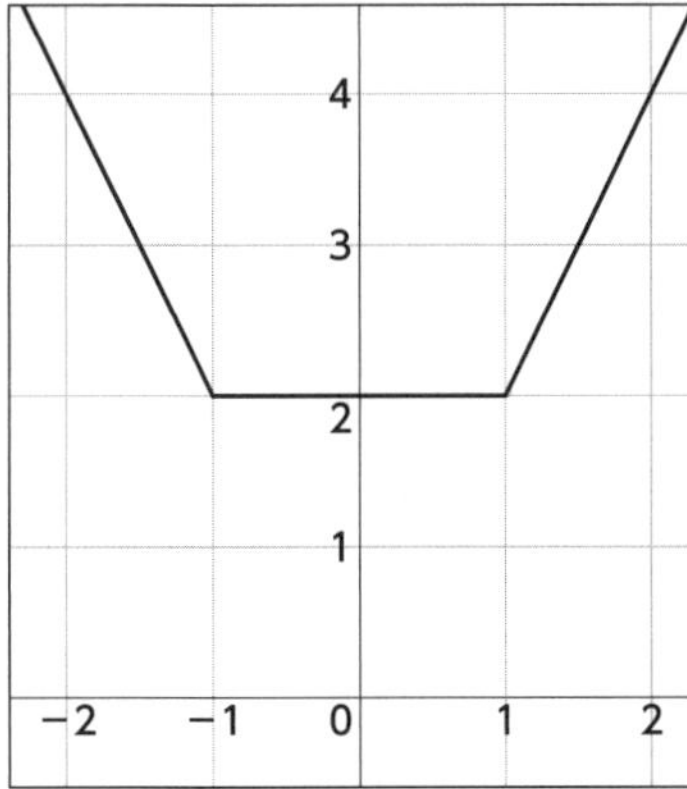

$y=|x+1|+|x-1|$において
$|x+1|=|x-(-1)|$とみることができるので、$|x+1|$は数直線上のxと(-1)の距離を表します。
(あ) $x\leqq-1$のとき、$|x+1|=|x-(-1)|=-1-x$、$|x-1|=1-x$であるから
$y=|x+1|+|x-1|=(-1-x)+(1-x)=-2x$つまり$y=-2x$
(い) $-1\leqq x\leqq1$のとき、$|x+1|=|x-(-1)|=x-(-1)=x+1$、$|x-1|=1-x$であるから
$y=|x+1|+|x-1|=(x+1)+(1-x)=2$つまり$y=2$
(う) $1\leqq x$のとき、$|x+1|=|x-(-1)|=x-(-1)=x+1$、$|x-1|=x-1$であるから$y=|x+1|+|x-1|=(x+1)+(x-1)=2x$
これをグラフにすると左上の図になります。

日本が誇る漢字文化に魅せられた少年が研究者に脱皮していくまでの過程を自ら描く

今月の1冊

『漢字ハカセ、研究者になる』

漢字ハカセ、研究者になる
笹原宏之
岩波ジュニア新書
950

著／笹原宏之
刊行／岩波書店
価格／902円（税込）

あるジャンルでは、専門家顔負けの知識を持っている子どもがいて、驚かされることがある。

そんな子どもを「博士ちゃん」と呼んで紹介するテレビ番組が好評だが、じつはそんな博士ちゃんが、大人になって本物の「博士」になっているかというと、それはそれで難しいことのようだ。

お父さん、お母さんの周りにも、例えば小学校時代、漢字博士や漢字少年といわれた、漢字に詳しい友だちがいたんじゃないだろうか。しかし、その彼、彼女が優れた漢字研究者になった、と聞いてはいないのでは。

だが、著者は、そのマレなるうちの1人だ。周囲から「漢字ハカセ」と呼ばれた少年時代、そんな少年が「好き」を仕事にするまでの道筋を、漢字にまつわるエピソードを交えながら語り、漢字研究者、学者としての現在の仕事ぶりも紹介する。

些細なキッカケから漢字好きになった小学生時代、漢字の情報を集めながらも進路を暗中模索した十代、研究に没頭していく大学生時代。

秋桜と書いてコスモスと読んだ山口百恵の歌、幽霊文字や方言漢字との出会い。

漢字が仕事になり64画もある漢字ともおつきあい。

本書には、俗字や国字、当て字、中国の漢字など、また、同じタコと読む漢字に「蛸と鮹」があることなど、章を追って様々な漢字が登場する。

それにしても世の中にはこれほど多くの漢字があり、読者はその意味を含めて、紹介される漢字の、その多くを知らないことに驚かされるに違いない。

やがて、著者は若い読者を「漢字の世界」へ誘う案内書としての役目を、この書に持たせていることにも気づかされるだろう。そこに気づく前に、すでに最終章まで読み進んでいるかもしれない。

1つ忠告があるとすれば、驚くほどの画数を持つ漢字の登場や、ルビ（ふりがな）を頼りに読み進めなければならないページも多くあることから、かたわらにルーペを用意しておいた方がいい、ということだろうか。

サクセス映画館

アニメで観る色々な家族

クルードさんちのはじめての冒険

2013年／アメリカ
監督：クリス・サンダース、カーク・デミッコ

「クルードさんちのはじめての冒険」
Blu-ray発売中
価格：2,075円（税込）
発売元：NBCユニバーサル・エンターテイメント
DVD（1,572円）も発売中

家族とともに新しい世界へ

舞台はまだ文明が発達していなかった原始時代。外の世界は危険だらけ、洞窟で暮らすことこそが安全だと信じて疑わない父・グラグの教えを守り、クルード一家はほとんど洞窟から出ずに過ごしていました。

しかしあるとき、洞窟が崩壊して住処（すみか）を手放すことを余儀なくされ、ついに洞窟の外へ。新たな住処を探して、「クルードさんちのはじめての冒険」が始まります。

初めて見る外の世界に、驚きつつも興味津々のクルード一家。不思議な動植物や少年・ガイとの出会い、親子げんかなど、旅の途中には様々なことが起こります。

そんな笑いあり、涙ありの手に汗握る冒険ストーリーを通して、一歩踏み出すことの大切さをユーモアたっぷりに教えてくれる映画となっています。

メリダとおそろしの森

2012年／アメリカ
監督：マーク・アンドリュース、
ブレンダ・チャップマン

「メリダとおそろしの森」
ディズニー公式動画配信サービス、ディズニープラスで配信中
© 2020Disney/Pixar
Blu-ray、DVDも発売中

互いを思いあう母と娘

王女でありながらも弓矢を片手に野山を駆けめぐるのが大好きな活発な性格のメリダ。母・エレノア王妃は、娘に対してもっと王女らしくふるまってほしいと、様々なことを教え込みます。しかし自由を愛するメリダは反発、両者が衝突する日々が続いていました。

ある日、勝手に結婚相手を決められそうになったことでたまらず城を飛び出したメリダ。森で出会った魔女に母を変えてほしいと頼むと、考えを変えるのではなく、姿をクマに変えられてしまいます。

母を元の姿に戻すために奮闘するなかで、母の愛を知り、成長していくメリダと、クマになっても品格を保ちつつ、変わらず娘を愛するエレノア王妃。そんなたくましくてかっこいい母と娘の深いきずなに、心が温まることでしょう。

怪盗グルーの月泥棒

2010年／アメリカ
監督：ピエール・コフィン、クリス・ルノー

「怪盗グルーの月泥棒」
Blu-ray発売中
価格：2,075円（税込）
発売元：NBCユニバーサル・エンターテイメント
DVD（1,572円）も発売中

怪盗×３姉妹の物語

主人公のグルーは、黄色くて小さい不思議な生物・ミニオンたちとともに、様々な盗みを働いている怪盗です。あるときグルーは、「月を盗む」ことを企て、「月泥棒計画」を進めようとします。

ところがその計画に必要な秘密兵器をライバルの泥棒に盗まれてしまったからさあ大変。ライバルの家に出入りする孤児の３姉妹を利用することを思いついたものの、なぜか３姉妹といっしょに暮らすことになり、慌ただしい日々が始まります。

意地悪な悪党のグルーですが、たまにみせる素の性格は素朴で憎めません。そんな彼に次第に懐いていく３姉妹。グルーと３姉妹の未来、そして月泥棒計画は、いったいどうなるのでしょうか。クスっと笑えるシーンもいっぱいの家族で楽しめるアニメーション映画です。

4月号の答えと解説

解答　RIVAL（ライバル、競争相手）

解説

③と⑤を比べると、Oの文字は共通で位置も同じですが、③では★★、⑤では☆☆となっているので、Oが求める単語に含まれていると、矛盾が生じます。したがって、Oは使われていません。

次に、①③を比べると、ＥとＬが共通です。

（ア）　ＥとＬがともに使われていないとすると、①よりＡ、Ｒ、Ｘが使われ、③よりＮ、Ｖが使われていることになりますが、⑤より、Ｖのほか、Ｉ、Ｃ、Ｅのいずれかが使われていなくてはならず、５文字をオーバーして、条件に合いません。

（イ）　ＥとＬがともに使われているとすると、③よりＥ、Ｌが、それぞれ求める単語の４文字目、５文字目となります。しかし、そうすると、①の２～５文字目に正しい位置の文字がなくなって、条件に合いません。

よって、Ｅ、Ｌのどちらか１文字だけが使われていることになり、①より**Ｒが１文字目**の位置に使われていることになります。そこで、③よりＮは使われていませんから、**Ｖが３文字目**の位置に使われていることになります。

続いて、Ｅ、ＬのうちＥが使われているとすると、④で使われているのはＲとＥとなりますが、どちらも正しい位置にはないので、条件に合いません。これより、**Ｌが使われていて、その位置は５文字目**です。また、④より、正しい位置にあるのは**Ａで４文字目**。

使われている可能性がある残りの１文字は、②からＴかＩ、⑤からＩかＣなので、**Ｉが使われていて、その位置は２文字目**です。

以上のことから、問題の単語は「**RIVAL**」と決まります。

今月のプレゼント！

用途によって使い分けられるルーズリーフ

今月は、東京大学発の知識集団QuizKnockが、学研ステイフルと共同制作したルーズリーフ「STUDY STATIONERY　B5ルーズリーフ」をご紹介します。

特徴は勉強方法や試験ごとに使い分けができること。苦手な単語がひと目でわかる単語用、「重要度欄」で復習の優先度を「見える化」できる誤答・暗記用、間違えた記述問題を公式やポイントと合わせてまとめられる誤答・記述用、マークシートになるだけでなく、次に向けた対策も書き込めるマークシート問題用の４種類があり、それぞれの用途に適したフォーマットになっています。

今回は記述系・数学系の問題に特化した「STUDY STATIONERY　B5ルーズリーフ（誤答・記述）」を５名さまにプレゼントします。

5名さまに

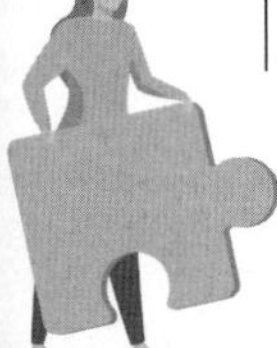

今月号の問題

ジグソー・漢字クロス

パズル面におかれているピースを手がかりに、周りにあるピースを空欄にあてはめて、クロスワードを完成させましょう。このとき、最後まで使われずに残るピースが1つあります。そのピースの記号を答えてください。

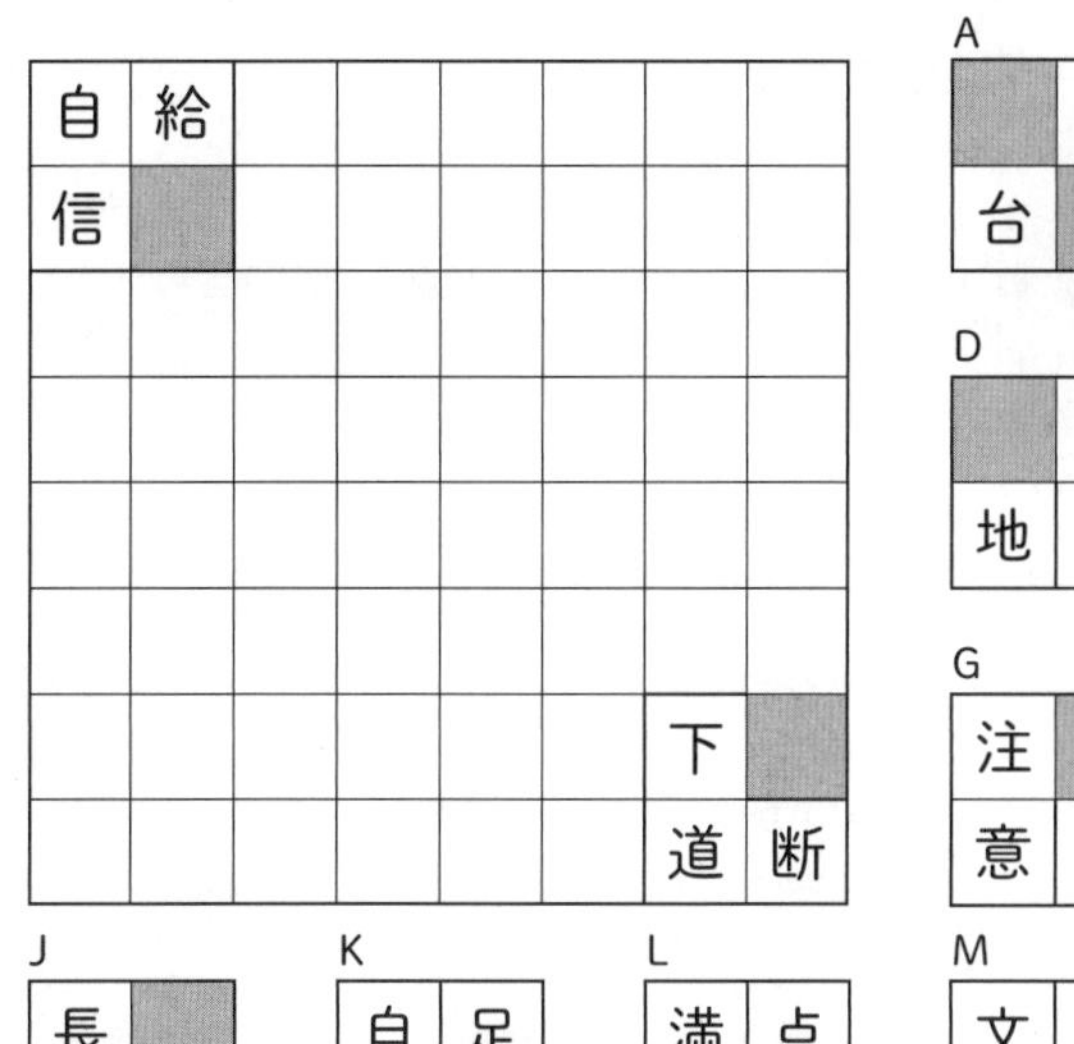

A 流 台

B 会 例

C
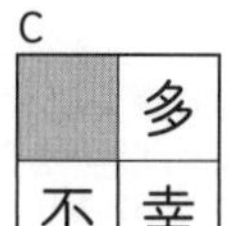

D

E

F
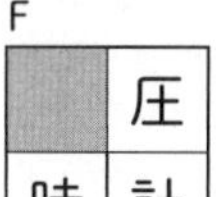

G

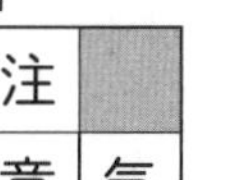

H
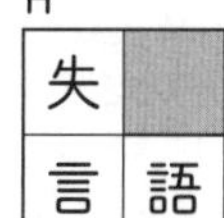

I
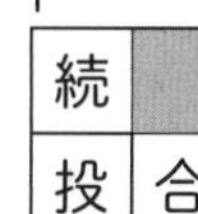

J

K
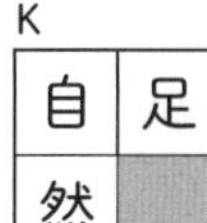

L
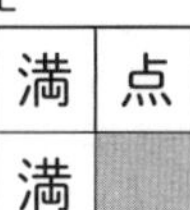

M

N
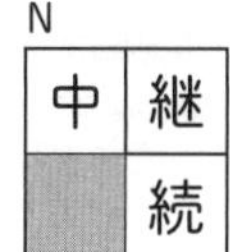

O

応募方法

下のQRコードまたは104ページからご応募ください。
◎正解者のなかから抽選で右の「**STUDY STATIONERY B5ルーズリーフ（誤答・記述）**」をプレゼントいたします。
◎当選者の発表は本誌2022年12月号誌上の予定です。
◎**応募締切日 2022年8月15日**

4月号パズル当選者（全応募者12名）

正井 まなみさん（中3・東京都）
榎本 汐音さん（中3・神奈川県）
山本 綾音さん（中1・東京都）
横山 聡さん（中1・東京都）
今泉 有さん（中2・東京都）
小清水 健太さん（中3・東京都）
渋谷 龍之介さん（中1・埼玉県）
山本 絢心さん（中3・東京都）

夢が広がる高校選びの情報満載！

Success15

バックナンバー好評発売中！

2022年 6月号
志望校探し
自分に合った高校を選ぶには
日々の暮らしを彩る
陶磁器の世界にご招待！
Special School Selection
東京都立国立高等学校
私立高校WATCHING
青山学院高等部
公立高校WATCHING
神奈川県立厚木高等学校

2022年 4月号
高校受験生のこの1年
どう過ごすかを考える
テクノロジーで大きく進歩
私たちの生活を支える「物流」
Special School Selection
筑波大学附属駒場高等学校
私立高校WATCHING
昭和学院秀英高等学校
公立高校WATCHING
埼玉県立川越女子高等学校

2022年 2月号
本番で実力を発揮できる
強さを作ろう
100分の1ミリで生み出す
「時計」の世界
Special School Selection
開成高等学校
私立高校WATCHING
中央大学附属高等学校

2021年 12月号
スピーキング重視時代
「withコロナ入試」再び
自宅で楽しめる
身近になったVR
Special School Selection
東京都立西高等学校
私立高校WATCHING
明治大学付属中野高等学校

2021年 10月号
まずは公立高校か
私立高校か？
自動運転バスがかなえる
自由な移動
Special School Selection
早稲田大学本庄高等学院
公立高校WATCHING
東京都立立川高等学校

2021年 8月号
まず学校説明会に
参加しよう！
知られざる「緑化」の効果
Special School Selection
東京都立戸山高等学校
私立高校WATCHING
桐朋高等学校

2021年 6月号
挑戦のときがきた
時代に合わせて
変化する「辞書」
Special School Selection
慶應義塾志木高等学校
公立高校WATCHING
神奈川県立川和高等学校

2021年 4月号
高校受験はどう変わる？
JAXAが作る未来の飛行機&ヘリ
Special School Selection
早稲田大学高等学院
高校WATCHING
埼玉県立春日部高等学校
中央大学杉並高等学校

2021年 2月号
戦術あり!? 入試直前アドバイス
ロボット技術の現在と未来
Special School Selection
早稲田実業学校高等部
高校WATCHING
巣鴨高等学校
千葉県立船橋高等学校

2021年 夏・増刊号
将来が決まる
大学入試のこと
加藤先生の
共通テスト指南書
「SDGs」を通して
未来を考えよう
多彩な国際教育を実践する学校
国際基督教大学高等学校
東京都立国際高等学校
関東国際高等学校
佼成学園女子高等学校

2021年 秋・増刊号
君を成長させてくれる
大学とは
グラフィックレコーディング
を学ぼう
欲張るからこそ輝く高校生活
国学院大学久我山高等学校
東京都立新宿高等学校

これより以前のバックナンバーはホームページでご覧いただけます（https://www.g-ap.com/）

バックナンバーはAmazonもしくは富士山マガジンサービスにてお求めください。

8月号

表紙：お茶の水女子大学附属高等学校

FROM EDITORS 編集室から

いよいよ夏本番。受験生のみなさんはこれから勉強に、学校説明会にと、忙しい毎日を送ることでしょう。今年の夏も暑くなるようですので、水分補給をしっかりと行い、熱中症対策に努めてくださいね。

今月号の「ワクワクドキドキ　熱中部活動」では、品川翔英高等学校のバルーンアート部を取り上げました。取材の日は、ウサギやクマなどのバルーンアートを部員全員で作っていました。2年ぶりの参加となる、大会のエキシビションも頑張ってほしいですね。

また、特集では、今年の学校説明会の開催状況や押さえておきたいポイントについてご紹介しています。ぜひ、学校選びの参考にしてはいかがでしょうか。　（H）

Next Issue　夏・増刊号

Special

中学生だからこそ知ってほしい
2025年から変わる大学入試

神奈川・埼玉の公立トップ校
高い大学合格実績をあげる その教育に迫る

※特集内容および掲載校は変更されることがあります。

Information

『サクセス15』は全国の書店にてお買い求めいただけますが、万が一、書店店頭に見当たらない場合は、書店にてご注文いただくか、弊社販売部、もしくはホームページ（104ページ下記参照）よりご注文ください。送料弊社負担にてお送りします。定期購読をご希望いただく場合も、上記と同様の方法でご連絡ください。

Opinion, Impression & ETC

本誌をお読みになられてのご感想・ご意見・ご提言などがありましたら、104ページ下記のあて先より、ぜひ当編集室までお声をお寄せください。また、「こんな記事が読みたい」というご要望や、「こういうときはどうしたらいいの」といったご質問などもお待ちしております。今後の参考にさせていただきますので、よろしくお願いいたします。

サクセス編集室 お問い合わせ先

TEL : 03-5939-7928　FAX : 03-3253-5945

今後の発行予定

発行日	号	発行日	号
8月15日	夏・増刊号	11月15日	12月号
9月15日	10月号	2023年1月15日	2023年2月号
10月15日	秋・増刊号	2023年3月15日	2023年4月号

FAX送信用紙

※封書での郵送時にもコピーしてご使用ください。

101ページ「ジグソー・漢字クロス」の答え

氏名

学年

住所（〒　　　－　　　）

電話番号

（　　　　）

現在、塾に

通っている　・　通っていない

通っている場合

塾名

（校舎名　　　　）

面白かった記事には○を、つまらなかった記事には×をそれぞれ3つずつ（　）内にご記入ください。

（　）04 Special School Selection お茶の水女子大学附属高等学校
（　）11 研究室にズームイン 東京海洋大学　茂木正人教授
（　）20 私立高校WATCHING 成蹊高等学校
（　）24 ワクワクドキドキ　熱中部活動 品川翔英高等学校 バルーンアート部
（　）28 突撃スクールレポート 十文字高等学校
（　）30 学校を知る第1歩 学校説明会に行こう！
（　）38 受験生のための明日へのトビラ
（　）40 スクペディア 佼成学園女子高等学校
（　）41 スクペディア 横須賀学院高等学校
（　）42 知って得するお役立ちアドバイス！
（　）48 レッツトライ！　入試問題
（　）60 帰国生が活躍する学校 桐蔭学園高等学校
（　）62 中学生の未来のために！ 大学入試ここがポイント
（　）64 東大入試突破への現代文の習慣
（　）70 東大生リトの とリトめのない話
（　）72 キャンパスデイズ十人十色
（　）77 耳よりツブより情報とどきたて
（　）78 マナビー先生の最先端科学ナビ
（　）80 なぜなに科学実験室
（　）83 for中学生 らくらくプログラミング
（　）86 中学生のための経済学
（　）88 淡路雅夫の中学生の味方になる子育て 楽しむ 伸びる 育つ
（　）89 ピックアップニュース！
（　）90 思わずだれかに話したくなる 名字の豆知識
（　）92 ミステリーハンターQの タイムスリップ歴史塾
（　）93 サクセス印のなるほどコラム
（　）94 中学生でもわかる 高校数学のススメ
（　）98 Success Book Review
（　）99 サクセス映画館
（　）100 解いてすっきり パズルでひといき

FAX.03-3253-5945

FAX番号をお間違えのないようお確かめください

サクセス15の感想

高校受験ガイドブック2022 8　Success15

発　行：2022年7月15日 初版第一刷発行
発行所：株式会社グローバル教育出版　〒101-0047 東京都千代田区内神田2-5-2 信交会ビル3F
TEL：03-3253-5944
FAX：03-3253-5945
H P：http://success.waseda-ac.net/
e-mail：success15@g-ap.com

郵便振替口座番号：00130-3-779535
編　集：サクセス編集室
編集協力：株式会社 早稲田アカデミー

【個人情報利用目的】ご記入いただいた個人情報は、プレゼントの発送およびアンケート調査の結果集計に利用させていただきます。